ZERZURA : L'OASIS LÉGENDAIRE DU DÉSERT LIBYQUE

Théodore Monod
Edmond Diemer

ZERZURA :
L'OASIS LÉGENDAIRE
DU DÉSERT LIBYQUE

Éditions Vents de Sable

ISBN 2 913252 57 5 - EAN 978 291 32 52 578

A Monique, pour sa précieuse collaboration.
E. Diemer

A l'heure où nous remettons ces pages à l'impression, Théodore Monod nous quitte pour « rejoindre l'autre rive », selon l'expression qu'il employait souvent lui-même.
Que la parution de ce livre, qu'il a tenu à diriger et dont une partie des textes a été enregistrée sous sa dictée, soit pour nous l'occasion de rendre un dernier hommage au naturaliste-voyageur, au savant, à l'un des plus grands sahariens de ce siècle, à l'immense humaniste et à l'ami qu'il fut et demeurera dans le souvenir de tous.

Paris, le 22 novembre 2000
Jean-Marc Durou
Hervé Derain

Avant-propos

A l'aube du XIXe siècle, le plus grand désert du monde, le Sahara, est totalement inconnu des Européens. Au même titre que le reste de l'Afrique, ce continent mystérieux qui attire et fascine depuis toujours l'occident chrétien, n'a pas davantage livré ses secrets. A l'exception du tracé des côtes bien connu des navigateurs, les seules connaissances en la matière dont dispose l'Europe, qui s'est vu interdire l'accès nord de l'Afrique dès l'arrivée de l'Islam au VIIIe siècle, se résument à quelques textes datant de l'Antiquité et aux notes géographiques des voyageurs arabes de la période médiévale.

Pourtant au siècle des Lumières tout va très vite changer sous l'impulsion des philosophes et de la bourgeoisie éclairée, dont le souhait désormais est de faire cesser l'esclavage. Plus d'humanisme mais aussi plus de rigueur scientifique vont donner naissance en 1788 en Angleterre à deux associations : L'Association des Amis des Noirs, en guerre ouverte contre les négriers, et l'African Association, dont le but est l'exploration du continent africain. En moins de cent ans, les explorateurs anglais, allemands et français vont se succéder sur les grands axes reliant l'Afrique du Nord à l'Afrique tropicale en passant pour la plupart d'entre eux par le Sahara. A la fin du XIXe siècle, le Sahara central et occidental a été traversé en tous sens. Beaucoup d'explorateurs y ont laissé leur vie, mais désormais le Sahara n'est plus une tache blanche sur la carte de l'Afrique.

A l'exploration va succéder la conquête : La France et l'Angleterre se partagent, aux termes d'une convention signée en 1890, une grande partie de l'Afrique. Le Sahara central et occidental revient à la France, qui y engage immédiatement une conquête longue et difficile. Celle-ci ne s'achèvera que dans les années 1920, par la soumission de l'ensemble des tribus sahariennes.

Désormais, seul le Sahara oriental, en raison de son aridité, reste " terra incognita " : Dans le désert Libyque, même les nomades n'y pénètrent pas. Cette région est considérée comme infranchissable, on la qualifie de désert dans le désert.... En 1928, l'explorateur égyptien, Kemal el Dine, écrit : « le désert de Libye est resté jusqu'à nos jours une des régions les moins connues du monde ». Par « désert de Libye », Kemal el Dine désignait non pas le désert qui se trouve dans l'état libyen d'aujourd'hui, mais l'entité géographique caractérisant une région spécifique à cheval sur quatre pays, la Libye, le Tchad, le Soudan et l'Égypte, et englobant, à l'ouest du Nil, la majorité de la région du désert Libyque actuel et essentiellement situé en Égypte.

D'une extrême aridité, le désert Libyque bénéficia, aux temps préhistoriques, comme l'ensemble du Sahara, d'une période climatique plus douce. Mais très vite semble-t-il, son climat humide disparut pour faire place à une sécheresse extrême interdisant la présence humaine. Déjà les Égyptiens des temps pharaoniques le redoutaient, tout en bénissant le rempart naturel que constituait la Grande Mer de Sable contre les envahisseurs. Désert vide, sans pâturage et sans puits, le désert Libyque devint très vite un désert de légendes et de peur pour les voyageurs et les nomades vivant sur ses pourtours. De nombreuses histoires de trésors, de pistes oubliées, de villes abandonnées peuplées de génies, d'oasis disparues, commencèrent bientôt à circuler

Le premier à nous en parler est Hérodote (484-420 av. J.-C.). Né à Halicarnasse et premier historien grec, les Anciens l'appelaient déjà le père de l'histoire. Ce fut un grand voyageur et un bon enquêteur. Il nous raconte l'histoire de Cambyse II et de son armée. Ce roi perse, fils et successeur de Cyrus le Grand, avait conquis l'Égypte nilotique, mais il voulait étendre son empire plus à l'ouest en envahissant la ligne des oasis et en allant jusqu'à Siwa, siège du célèbre oracle d'Amon. Son armée, forte de cinquante mille hommes, n'arriva jamais à Siwa car, d'après le récit des Ammoniens, que nous rapporte Hérodote, voici ce qui leur advint : partis de Thèbes (maintenant Louxor), ils atteignirent la ville d'Oasis – qui est sans doute Kharga – à sept jours de marche de Thèbes : à mi-chemin entre Oasis et Siwa, un vent du sud se leva et les ensevelit tandis qu'ils prenaient leur repas. A ce jour, aucune trace sérieuse et indubitable de ce corps d'armée n'a été découverte. Où donc est passée l'armée de Cambyse II? (Voir documents p. 103)

Le deuxième personnage important qui parcourut le nord de ce désert est Alexandre le Grand (336-323 av. J.-C.), le roi aux deux cornes et l'élève d'Aristote de Macédoine. Né, d'après ce que lui raconta sa mère, Olympia, de l'union qu'elle eut avec Amon qui s'était glissé dans son lit incarné en serpent, il voulut en avoir le cœur net et s'entendre dire qu'il était bel et bien le fils du dieu Amon. Il alla donc en pèlerinage à Siwa pour consulter le célèbre oracle d'Amon. Parti de Memphis, sa cohorte dut traverser la partie nord du désert Libyque et faillit être décimée par un vent de sable : elle finit tout de même par arriver à cette immense oasis. Alexandre se baigna, comme il était de coutume, dans la source du soleil, source dont parle le Coran et saint Augustin puis, à travers la palmeraie, il alla jusqu'au temple d'Umm Ubeyda et, de là, emprunta la chaussée dallée, construite par Nectanebo II (XXXe dynastie) pour se rendre au temple qui abritait l'oracle d'Amon, et dans lequel il pénétra seul. Que lui dit l'oracle? Personne, pas même sa mère, Olympia, ne le sut jamais. Mais Alexandre se comportera par la suite comme s'il avait reçu une réponse positive à sa requête. Il repartit vers l'ouest par la vieille piste caravanière de Masrab Mahashash, passa à la petite oasis de Qara puis reprit sans doute le chemin de Memphis.

Pendant longtemps, on ne parlera plus de ce désert mais seulement des oasis qui le bordent à l'est. Les Romains les occuperont et certaines d'entre elles deviendront un lieu d'exil pour les chrétiens. Le désert, lui, ne reste connu des Égyptiens et des Bédouins que par sa réputation maléfique, car c'est de là que viennent pillards et razzias. D'après les légendes arabes, le désert Libyque est censé receler des havres de verdure et des villes abandonnées aux trésors cachés. Mais personne ne s'y risque et il faut faire un grand saut dans le temps pour trouver des explorateurs qui se hasarderont dans ces vastes étendues inconnues. Au VIIIe siècle, un personnage célèbre et incontournable, Musa ibn Nusair, sera, d'après les récits que nous en avons, l'un des premiers à les parcourir pour rechercher, à la demande de ses pairs, « la ville aux toits de cuivre » (voir documents p. 117).

Au XVIIe siècle, un Européen y fera une première incursion, bien timide. Encore n'est-il pas allé bien loin... Le Dr Poncet, un médecin français, venant du Nil, atteignit « par erreur » la dépression de Kharga, le six octobre 1692, où il tomba sur une garnison de huit cents soldats dont on ignore tout.

En 1793, l'Anglais William George Browne sera le premier et sans doute l'unique Européen à emprunter la Darb el Arba'in, la piste aux quarante jours. Cette piste qui relie l'Égypte au Soudan était parcourue par d'énormes caravanes jusque vers la fin du XIXe siècle. Trois ans plus tard Browne y retourna, depuis le Darfour, en accompagnant une caravane comprenant cinq cents chameaux, cinq mille esclaves et de nombreuses marchandises. D'après lui, des caravanes fortes de deux mille chameaux étaient courantes.

C'est d'ailleurs au commerce que l'on doit l'ouverture des voies de communication entre l'Afrique noire et la Méditerranée.

Reportons-nous en 1804 : le sultan Sâboûn, qui vient d'accéder au trône du Ouadaï, a une idée fixe : ouvrir son pays au commerce vers le nord. C'est un commerce important de défenses d'éléphant, de cornes de rhinocéros, de dents d'hippopotame, de plumes d'autruche, de caoutchouc, d'épices, de perroquets et de nombreux esclaves qui marchent au rythme des chameaux. Ces caravanes venant d'Afrique noire transitent par le Ouadaï et vont jusqu'au bord de la Méditerranée pour négocier leurs marchandises. Mais comment s'assurer qu'elles arriveront à bon port? Si Sâboûn fait partir ses caravanes vers Tripoli, par le Fezzan et le Tibesti, elles sont rançonnées lourdement par le sultan du Fezzan, et ensuite pillées en tout ou en partie par les Tébous du Tibesti. C'est ce qui est arrivé à une caravane qui, tant bien que mal, a pu rejoindre Tripoli. L'autre solution est de passer par l'est, et de remonter jusqu'au Caire. Mais là, il faut traverser les terres du sultan du Darfour qui rançonne et pille tout à la fois. La Darb el Arba'in, ou piste aux quarante jours, qui relie l'Afrique noire à l'Égypte, n'est guère plus sûre.

Sâboûn prévient Shehaymah, un commerçant qui veut relever le défi, en ces termes :

> « … en 1807, deux khabirs m'ont proposé de mener une caravane jusqu'à Dakhla, cette oasis du désert Libyque. Tout ce qu'ils ont réussi à faire, c'est de s'égarer au nord-ouest du Darfour et à manquer les puits. La caravane entière, hommes et bêtes, a péri de soif. Ma mère, qui voulait faire le pèlerinage de La Mecque, était avec eux. Ce sont des Arabes zagawah qui ont retrouvé les corps momifiés de la caravane. »

Mais Shehaymah persiste et finit par aboutir à ses fins : il aura beau essuyer

La Grande Mer de Sable du désert Libyque s'étend sur 600 kilomètres du nord au sud et sur 200 kilomètres d'est en ouest

pertes, pillages et trahison de ses guides, il effectuera avec succès deux voyages dans les années 1810 et 1812, avec chaque fois plus de cinq cents chameaux. Désormais, le désert Libyque est vaincu dans l'axe sud-nord sur le méridien de Koufra, et les caravanes vont se succéder avec régularité reliant ainsi le Ouadaï à Benghazi ; mais cette ville est loin de valoir Le Caire sur le plan commercial. La vieille idée refait donc surface : trouver une route du Ouadaï au Caire qui ne passe pas par le Darfour et la piste des quarante jours toujours aussi rançonnée et pillée. L'idéal serait de réussir à joindre Koufra à Dakhla. Jusqu'à Koufra, en effet, on est en territoire connu et, à partir de Dakhla, c'est un jeu d'enfant de gagner Le Caire par les oasis de Farafra et de Baharia. À la mort de Sâboûn, son successeur promet à un certain Hussein qui, dès 1818, accompagnait les caravanes et était devenu un guide compétent, une récompense importante s'il réussit à effectuer le trajet entre Koufra et Dakhla. Or Hussein, dont l'intention était aussi d'aller à La Mecque pour devenir hadj, découvre les traces d'une ancienne piste de caravanes qui, partant de Koufra, se dirige vers l'est et doit logiquement le conduire à Dakhla. Très vite, pourtant, il se trouve bloqué par les dunes de la Grande Mer de Sable et il perd toute trace de la piste qui a disparu. Il doit rebrousser chemin, mais remarque la présence de fragments de verre disséminés sur le sol de quelques couloirs interdunaires. Il fait alors part de sa découverte à Fulgence Fresnel, consul de France à Benghazi, qui la retranscrit dans un numéro du *Bulletin de la Société de Géographie,* daté de 1850. Hussein n'a donc pas réussi à rejoindre Dakhla, mais il a le mérite d'avoir fait une belle incursion dans les massifs sableux du désert Libyque et d'avoir découvert le fameux verre libyque.

Pendant un certain temps, on ne va plus parler d'expéditions dans ce désert car les Égyptiens sont fort occupés à construire leur pays.

Méhémet Ali, despote éclairé, donne à l'Égypte une économie moderne. A sa mort, en 1849, son fils, Mohammed Saïd, poursuit l'œuvre d'émancipation et de modernisation du pays. Il autorise son ami Ferdinand de Lesseps à creuser dans l'isthme de Suez un canal reliant la mer Rouge à la Méditerranée. L'Égypte connaît alors un essor économique extraordinaire grâce à son coton. Elle en détient, en effet, avec l'Amérique, le marché mondial. Or, cette dernière, en pleine guerre de Sécession, n'exporte plus, et le monde est obligé de se tourner vers le coton égyptien.

En 1863, son neveu Ismaïl, nommé khédive par le sultan de Constantinople, développe Le Caire à l'européenne et multiplie les écoles. Mais le modernisme et le canal inauguré en 1869 coûtent cher. Les caisses se vident et l'Égypte court à la faillite. Le khédive, ruiné, vend ses parts du canal aux Anglais, opération qui conduira progressivement à l'occupation anglaise.

Les explorations vont alors reprendre. La première ne sera pas anglaise mais allemande. Elle aura lieu en 1873. Il s'agit d'une expédition scientifique, dirigée par Gerhard Rohlfs, né à Vegesack, près de Brême. Ce grand explorateur allemand a été le premier à traverser l'Afrique, de la Méditerranée au bassin du Congo. Sa sixième expédition vise le désert Libyque. Gerhard Rohlfs part de Dakhla en direction de l'ouest et essaie de retrouver cette piste, que cherchait Hussein, en sens inverse, et qui doit aboutir à Koufra. Mais lui aussi échoue. Bloqué par une pluie exceptionnelle alors qu'il s'apprêtait à traverser des cordons dunaires, il doit abandonner son projet et se diriger vers le nord, ce qui l'amènera à Siwa (voir documents p. 127).

Dès 1896, le prince Kemal el Dine parcourt, lui aussi, le désert Libyque. Ses expéditions sportives dans ces paysages arides lui conviennent beaucoup mieux que des fonctions de vice-roi d'Égypte, qu'il refuse.

Bientôt les Anglais s'intéressent eux aussi à ce désert : Harding King, en 1909 et peu de temps après, le Dr Ball et bien d'autres. Administrateurs, officiers ou ingénieurs rattachés aux services techniques du désert, tous effectueront un travail considérable qui contribuera à faire largement connaître le désert Libyque. À partir de 1925, de nombreuses équipes vont ainsi cartographier et étudier ces vastes étendues. Dès 1929, le comte hongrois László de Almásy, un grand explorateur, se passionne pour cette partie du monde, avec quelques Allemands.

Si le prince Kemal el Dine a, pendant longtemps, utilisé les chameaux dans ses expéditions, c'est aussi le premier qui introduisit les véhicules automobiles dans ce désert. Il utilisa, en particulier, les autochenilles Citroën, ce qui, toutefois, ne fut pas une réussite (voir documents p. 143).

Bien que le désert Libyque reste toujours difficile à parcourir, il fait maintenant l'objet de nombreux programmes de recherche : des expéditions scientifiques allemandes, italiennes y travaillent tous les ans. Mais il aura fallu attendre 1980 pour qu'un Français s'y intéresse. Il s'agit de Théodore Monod qui, à partir de février 1980 et jusqu'en 1998, l'a parcouru tous les ans.

Tous ces explorateurs s'intéressent au désert Libyque en fonction de leur spécialité : préhistoire, paléoclimatologie, botanique, faune... ; certains y partent à la recherche de météorites ou du fameux verre libyque, avec souvent bien sûr, en arrière-pensée, pour tous, le désir d'être le premier à découvrir l'oasis mythique de « Zerzura ».

C'est à cette quête que nous vous invitons maintenant.

ZERZURA, L'OASIS LÉGENDAIRE DU DÉSERT LIBYQUE

Les hommes ont toujours aimé imaginer, dans les grands déserts inhabités, des lieux peuplés, et de surcroît capables de nourrir la fantaisie des conteurs. Citons quelques exemples :

Dans le Rub al Khali d'Arabie, la ville légendaire de Wabar, se révélera être, une fois atteinte par un Européen, un groupe de rochers provenant d'une chute de météorite.

Dans le désert Libyque, la légende de Zerzura préoccupera, comme nous le verrons plus loin, bien des voyageurs durant des siècles. Le Ténéré n'est pas à l'abri de ce thème si fréquent, mais ici nous ne possédons qu'un nom de lieu mystérieux, celui de Djawas-Tokalet.

Quant à la Majâbat Al-Koubra, immense étendue joignant les Saharas mauritanien et malien, il semble que la gigantesque région dunaire qui occupe sa partie méridionale possède aussi son bouquet de palmiers légendaires, comme en témoignent ces lignes charmantes du commandant Sevenet dans une lettre du 14 mai 1955[1] :

« Les gens du Hodh avaient jadis une légende qui situait une oasis inconnue, composée d'un bouquet de palmiers, quelque part dans le nord de l'*aklé*[2]. Cette légende excitait mes goumiers quand nous cheminions entre les grands *aghrâd*[3] de l'Aouana : les palmiers n'allaient-ils pas apparaître au détour d'un prochain *mehouen*[4]? N'étaient-ils pas cachés dans celui que nous devinions s'amorcer derrière un autre *ghord*[5] lointain et où nous savions que nous n'irions jamais? En fait, nous savions bien tous qu'il n'y avait nulle part de palmiers, mais le mystère entretenait notre élan et nous donnait le pas plus ferme pour attaquer la dune suivante... Ainsi en est-il de tout le Djouf et c'est pourquoi je ne cesse jamais de me poser des questions sur ce qu'il nous cache... »

S'il n'existe pas, du moins à notre connaissance, d'oasis légendaire dans le Tanezrouft, c'est sans doute qu'il se trouve au centre de ce désert une minuscule oasis avec un puits, quelques palmiers et une case : Amrennan al Kasbah.

Il apparaît ici important de définir avec une précision suffisante le sens même du mot oasis : on sait que l'explorateur hongrois Almásy a employé le mot « Regenoase », c'est-à-dire oasis de pluie, pour ce qui n'est en réalité qu'une tache de végétation pluviale même s'il peut exister un point d'eau, une dhaya[6], par exemple. Une oasis au sens exact du terme implique nécessairement un lieu habité en permanence avec au moins quelques maisons d'argile, la présence d'une eau superficielle, mare, eau d'accès facile dans un oglat[7] ou un puits très peu profond ou même dans une foggara[8]; l'oasis classique implique évidemment la présence d'un peuplement boisé, généralement constitué par des palmiers dattiers mais aussi des arbres pouvant appartenir à d'autres espèces botaniques.

Dans certains cas, l'oasis peut comporter un village plus ou moins important, habité par des sédentaires, jardiniers ou commerçants.

Si l'on accepte notre définition de l'oasis, il est évident qu'elle ne saurait s'appliquer à une tache de végétation herbacée et temporaire, née d'une averse accidentelle.

Les légendes arabes du désert Libyque

Tous les explorateurs – qu'il s'agisse d'Égyptiens ou de voyageurs d'autres nationalités – ont entendu parlé d'un lieu mystérieux : « Zerzura ».

Selon les récits de divers auteurs, Zerzura était une oasis habitée, maintenant abandonnée, une ville en ruines, une ville fortifiée, un îlot de végétation ou tout simplement un point d'eau. Il y a encore plus original. D'après les dires du cheikh Mawhub à l'explorateur anglais du début du siècle Harding King, Zerzura était une oasis enchanteresse dont tous les habitants et leurs troupeaux furent transformés en pierres. Pour qu'elle revive, il faudrait que quelqu'un se sacrifie à Zerzura. Ce cheikh dit également qu'un Grec, après avoir recherché cette oasis, était mort d'un empoisonnement lors de son retour en Europe.

La version la plus répandue veut toutefois que le nom de Zerzura provienne de « zarzur » qui signifie, en arabe, traquet – il pourrait s'agir du traquet du désert (*Oenanthe deserti*) ou, plus généralement, d'un moineau ou d'un petit oiseau. Zerzura serait alors l'oasis de ce petit oiseau. Mais, d'après Almásy, Zerzura pourrait aussi être une déformation par les Arabes de « izerzer », qui veut dire gazelle en berbère. Enfin, Zerzura pourrait signifier une réserve d'eau car le mot arabe « zeir »s'applique à une poterie poreuse.

C'est sans doute la première version qui est la plus vraisemblable, car l'allusion aux oiseaux se comprend tout à fait à cause des nombreux oiseaux qui séjournent dans les oasis et qui traversent le désert Libyque.

Selon les auteurs, on écrit donc Zarzura ou Zerzura, mais nous adopterons, dans cet ouvrage, la dernière orthographe.

Le récit le plus ancien : 700 ans apr. J.-C.

Les plus anciens manuscrits arabes qui évoquent des oasis perdues adoptent un style mystico-religieux dont on ne peut tirer aucun renseignement géographique ou se présentent comme de véritables contes relatant la découverte d'une ville ensorcelée par un pauvre Bédouin parti chercher un chameau égaré.

Toutefois, l'un d'eux, qui date de 700 ans apr. J.-C., offre plus d'informations géographiques. Il s'agit de celui de Musa ibn Nusair, nommé en 698-699 par Abd el Aziz ben Merwan, gouverneur de 685 à 705 apr. J.-C. des Afrika's, c'est-à-dire de la partie égyptienne de l'Afrique du Nord. Ce récit figure dans les Khitats de l'historien égyptien Al Maqrizi (1364-1442), mais il aurait été repris dans un ouvrage antérieur d'un écrivain arabe, Al Awhadi. Les Khitats nous sont connus par une traduction faite et imprimée à Boulâq, ville portuaire du Caire, au XIVe siècle. Nous n'avons pu trouver ce document mais nous donnons les versions telles qu'elles figurent dans les ouvrages d'Almásy.

Dans ces textes, on trouve également le récit d'un chamelier qui, alors qu'il recherchait un chameau égaré, aurait, par hasard, découvert une cité abandonnée : il faut croire que cet homme était digne de foi, car le gouverneur Abd al Aziz ben Merwan envoya une expédition pour retrouver cette ville, sans succès.

Al Maqrizi donne aussi le récit d'une expédition organisée à peu près à la même époque par Musa ibn Nusair, pour rechercher « l'oasis extérieure[9] » dont il avait entendu parler. Parti de Siwa, il découvrit à sept jours au sud-ouest de cette oasis, une ville dont les toits étaient rouges : elle était entourée de murs et sa porte était en fer; n'ayant pu l'ouvrir, quelques personnes escaladèrent le mur mais se tuèrent en tombant. Musa ibn Nusair décida alors de rentrer.

Cette expédition de Musa figure dans de nombreux ouvrages et en particulier dans *Les Cent et Une Nuits*, ouvrage bien antérieur au conte *Les Mille et Une Nuits,* où elle a été reprise d'une façon fort embellie et où elle figure dans les nuits 566-578 : Musa ibn Nusair découvre un lac intérieur, à de nombreux jours de voyage très à l'ouest, qui porte le nom de Karkar. Au bord du lac vivent des Noirs; ils habitent dans des grottes et parlent une langue inconnue des Arabes. La ville est appelée La « ville aux toits d'airain[10] » à cause de ses toits rouges. László de Almásy, grand connaisseur du désert Libyque, s'est demandé si le massif de l'Ouenat, situé au sud-ouest de l'Égypte, ne pouvait pas correspondre à la description de cette ville : il y a en effet de nombreuses vallées appelées karkur et, dans les grottes de ses falaises, vivent des Noirs. Mais en réalité, cette ville aux toits d'airain fait l'objet d'un véritable conte (voir documents p. 117).

Un récit plus consistant : 1065 ans apr. J.-C.

Il s'agit de celui d'El Bekri. Il date de 1065 et nous transcrivons littéralement le texte tel qu'il se trouve dans la traduction du baron Mac Guckin de Slane :

> « On prétend que dans la partie la plus reculée du pays, se trouve un canton nommé l'oasis de Sobrou (Ouah Sobrou) où jamais personne n'a pu parvenir, à l'exception de quelques voyageurs qui s'étaient égarés dans le désert. L'homme à qui le hasard permit d'arriver dans ce lieu rapporte que la plus grande abondance y règne et que les habitants jouissent de tous les biens de la vie. Quand il voulut les quitter, ils lui montrèrent un chemin qui le conduisit directement dans son pays. Un Arabe de la tribu des Corra[11], nommé Redjma ibn Caïd, arriva par hasard dans ce canton. Revenu ensuite au lieu d'où il était parti, il voulut s'y rendre à nouveau;

Erg dans le désert Libyque

mais il ne put jamais le retrouver. Quelque temps après l'an 420 de l'Hégire (1029 apr. J.-C.), Mocreb ibn Madi [12], émir des Béni-Corra, fit rassembler des bêtes de somme, et s'étant pourvu de vivres et d'une forte provision d'eau, il pénétra dans le désert avec l'intention de retrouver l'oasis de Sobrou. Après avoir passé un temps considérable à parcourir cette région sans découvrir ce qu'il cherchait, il craignit d'épuiser ses vivres et retourna sur ses pas. Une nuit, pendant qu'il était en route pour retourner chez lui et qu'il avait dressé ses tentes sur une colline, dans une partie inconnue de ce désert, un de ses compagnons trouva auprès de cet endroit un édifice de construction antique. Ils allèrent l'examiner et reconnurent les fondations d'un mur construit avec des briques de cuivre rouge et qui étaient éparpillées tout autour de la colline. S'étant empressés de mettre des chargements de ces briques sur toutes les bêtes de somme qu'ils avaient avec eux, ils se remirent en route. S'ils avaient pu retrouver cette colline, il leur eût fallu beaucoup de temps pour enlever toutes les briques qui y étaient restées.

À son retour, Mocreb ibn Madi passa par l'oasis extérieure – c'est-à-dire Kharga – où l'un des habitants lui raconta qu'un matin étant allé à son jardin, il s'aperçut que presque toutes ses dattes étaient mangées et que le sol portait les traces d'un personnage tellement grand qu'il ne devait pas appartenir à sa race. Ayant fait le guet pendant plusieurs nuits avec ses gens, Mocreb découvrit un être dont la taille surpassait tout ce qu'il avait vu jusqu'alors. Ce géant avait commencé à manger les dattes quand ils s'aperçurent de sa présence; celui-ci les découvrit presque en même temps et s'en alla plus vite que le vent, de sorte qu'ils ne purent savoir ce qu'il était devenu. Mocreb partit avec eux pour examiner les traces laissées sur le sol et reconnut qu'elles étaient d'une grandeur extraordinaire. Alors il donna l'ordre de creuser une fosse à l'endroit où cet être était déjà entré, de la couvrir d'herbes et de se tenir en observation pendant plusieurs nuits consécutives. Ils suivirent son conseil, et une nuit que le géant approcha selon sa coutume, ils le virent tomber dans la fosse. Ils accoururent aussitôt, et, profitant de sa chute et de leur grand nombre, ils parvinrent à s'en rendre maître. C'était une femme noire, d'une taille énorme, ayant le corps d'une hauteur et d'une grandeur démesurée. Ne pouvant comprendre un seul mot du langage dont elle se servait, ils lui adressèrent la parole en toutes les langues connues dans cette localité, mais elle n'y répondit pas. Ils la gardèrent pendant quelques jours, avant de prendre une décision à son égard; ils convinrent enfin de la laisser partir et de courir après elle montés sur des chevaux et des dromadaires, afin de savoir qui elle était et d'où elle était venue. Quand elle se vit en liberté, elle s'enfuit avec tant de rapidité que l'œil pouvait à peine la suivre; les chevaux et les dromadaires, lancés à toute vitesse, restèrent en arrière, et personne ne put jamais savoir ce qu'elle était devenue[13].

L'on rapporte que dans cette région, il y a des sables sur une vaste étendue auxquels on donne le nom d'El-Djezaïr, "les îles". On y trouve des dattiers en grande quantité et des sources d'eau, mais pas la moindre trace de culture, aucun signe de la présence de l'homme. Ces lieux, dit-on, retentissent toujours des sifflements poussés par les mauvais génies. De temps en temps, les guerriers et les brigands de race nègre viennent s'y mettre en embuscade, afin de surprendre les voyageurs musulmans. Pendant des années entières, les dattes restent amoncelées au pied des arbres sans que personne ne vienne les prendre; c'est pendant les années de disette seulement que les hommes poussés par le besoin, s'y rendent pour les ramasser. »

Première mention du mot « Zerzura » : 1246 ans apr. J.-C.

Nous trouvons pour la première fois le nom de Zerzura dans un récit d'Osman el Nâboulsi. Le Dr John Ball, directeur du Desert Survey avait découvert un manuscrit qui était une copie faite en 1447 d'une description du Fayoum rédigée en 1246 par Osman el Nâboulsi, émir syrien, nommé gouverneur de la province syrienne par Negm el Dine, dernier sultan appartenant à la dynastie des Ayyubides. Osman el Nâboulsi affirme que Zerzura était l'un des nombreux villages abandonnés, déjà à son époque, et situés aux abords du canal Bahr Tanabtawayh qui pénètre par le sud dans le Birket el Quarun. Il cite aussi les villages de Qasr Qarun et d'El Rayan et comme Zerzura figure sur la liste entre ces deux villages, on peut penser que l'oasis devait se situer au nord du wadi Rayan.

Voici une reproduction de ce texte :

(31)

montagne, où il décrivait une courbe pour aller vers l'Ouest se déverser dans le lac. Il portait le nom de Baḥr Tanabṭawayh, بحر تَنَبْطَوَيْه. Sur son cours se trouvaient les villages suivants, abandonnés à l'époque d'An-Nâboulsî: تنبطويه, Tanabṭawayh; طبا, Ṭabâ; شلا, Chalâ; اطفيح, Aṭfîḥ; اهريت المنقلبة, Ihrît l'abandonnée(1); حدّادة, Ḥaddâda; جرازة, Djazâza, appelée aussi زجاجة, Zadjâdja; سنهورس, Senhoûres; بَرْجتَوت, Baradjtaut; سُدو, Soudoû; سدرا, Sidrâ; بدريس, Badrîs; سَنهابة, Sanhâba; اقنى, Aḳna; تنهما, Tanhamâ; خراب قاسم, Kharâb Ḳâsim; بنى برى, Banî Barî; تنهمت السِدْر, Tanhamet as-Sidr; قصر قارون, Ḳaṣr Ḳâroûn; زَرْزُرَة, Zarzoura; الريان, Ar-Ryân.

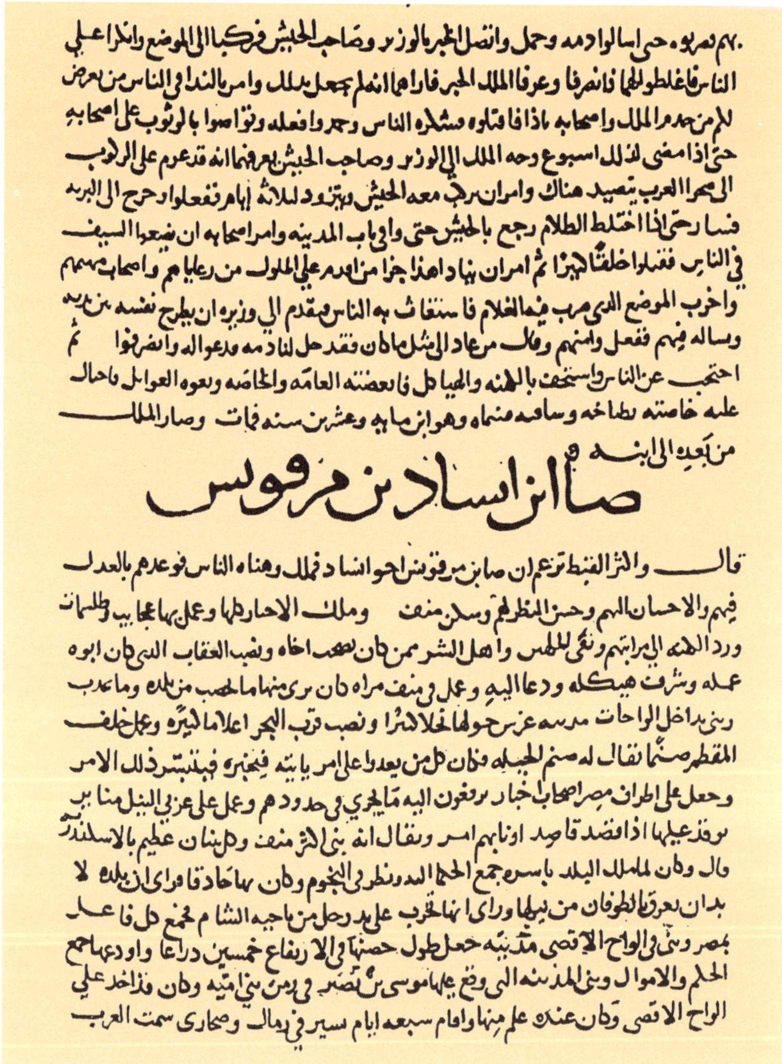

.ثم ضربوه حتى اسالوا دمه وحمل واتصل الخبر بالوزير وصاحب الجيش فركبا الى الموضع وانكرا على
الناس فاغلظوا لهما فانصرفا وعرفا الملك الخبر فاراهما انهم يحملون ذلك وامر بالنداء في الناس من تعرض
للام من خدم الملك واصحابه ماذا فاقتلوه فشكره الناس وحمدوا فعله وتواصوا بالوثوب على اصحابه
حتى اذا مضى لذلك اسبوع وجه الملك الى الوزير وصاحب الجيش يعرفهما انه قد عزم على الركوب
الى صحراء الغرب يتصيد هناك وامر ان يركب معه الجيش ويتزود لثلاثة ايام ففعلوا وخرج الى البريه
فسار حتى اذا اختلط الظلام رجع بالجيش حتى وافى باب المدينه وامر اصحابه ان يضعوا السيف
في الناس فقتلوا خلقا كثيرا ثم امر ان ينادى هذا جزا من اعتدى على الملوك من رعاياهم واصحابهم
واخرب الموضع الذي ضرب فيه الغلام فاستغاث به الناس وتقدم الى وزيره ان يطرح نفسه بين يديه
ويساله فيهم ففعل وامنهم وقال من عاد الى مثل ما كان فقد حل لنا دمه فدعوا له وانصرفوا ثم
احتجب عن الناس واستخف بالكهنه والهياكل فابغضته العامه والخاصه ودعوا عليه فاحال
عليه خاصته بطباخه وساقيه فسماه وهو ابن مايه وعشرين سنه فمات وصار الملك
من بعده الى ابنه

صا ابن اساد بن مرقوس

قال والقبط تزعم ان صا بن مرقوس اخو اساد فملك وهنا الناس فوعدهم بالعدل
فيهم والاحسان اليهم وحسن النظر لهم وسكن منف وملك الاحار لها وعمل بها عجائب وطلسمات
ورد الكهنه الى مراتبهم ونفى اللصوص واهل الشر ممن كان يصحب اخاه ونصب العقاب الذي كان ابوه
عمله وشرف هيكله ودعا اليه وعمل في منف مراة كان يرى فيها ما يحدث من بلده وما يحدث
وبنى بداخل الواحات مدينه عرس حولها نخلا كثيرا ونصب قرب البحر اعلاما كثيره وعمل خلف
المقطم صنما يقال له صنم الحيله فكان كل من يعدوا على امر ياتيه فيخبره فيتبشر ذلك الامر
وجعل على اطراف مصر اصحاب اخبار يرفعون اليه ما يجري في حدودهم وعمل على عبر النيل منابر
يوقد عليها اذا قصد قاصد او نابهم امر ويقال انه بنى الاهرام منف وكان بها ان عظيم بالاسكندريه
قال وكان لملك البلد باسره جمع الحكما اليه ونظر في النجوم وكان بها حاذقا فراى ان بلده لا
بد ان يغرق بالطوفان من نيلها وراى انها تخرب على يد رجل من ناحيه الشام فجمع كل فاعل
بمصر وبنى في الواح الاقصى مدينه جعل طول حصنها في الارتفاع خمسين ذراعا واودعها جميع
الحكم والاموال وبقيت المدينه الى ان وقع عليها موسى بن نصير في زمن بني اميه وكان قد اخذ على
الواح الاقصى وكان عنده علم منها واقام سبعه ايام يسير في رمال وصحاري سمت الغرب

Page 41 du manuscrit de Nowaïri

Pourtant, E.A. Johnson Pasha, gouverneur de Kharga qui connaît très bien les lieux écrit, que, s'il est vrai qu'il y a de nombreux villages et hameaux abandonnés dans cette région, il n'a jamais entendu parler d'un Zerzura. D'ailleurs, sur la carte, publiée en 1901, par G. Salmon dans le *Bulletin de l'Institut français d'archéologie orientale*, sous le titre « Répertoire géographique de la province du Fayum d'après le Kitâb Târîkh al-Fayyoûm d'An-Nâboulsî », ne figure aucun village dont le nom est Zerzura ou qui s'en approche.

Un récit du XVe siècle

Un manuscrit du XVe siècle intitulé *Histoire de l'oasis Siwa* cite, lui, des raids de Tébous et évoque des villes enfouies dans le Ard el Ghaffar[14], au sud des oasis libyennes. On ne connaît pas l'auteur de ce manuscrit et le manuscrit lui-même a disparu. Son dernier propriétaire, le cheikh Omar Mussellîm, en connaissait certains passages par cœur ; il les a dictés, en 1910, au médecin anglais du service médical égyptien, C. B. B. Stanley, lequel les a publiés, en 1911, dans le *Report on the Oasis of Siwa* du service de santé publique égyptien. Ces villes enfouies que seul le hasard permettrait de découvrir, devaient servir de relais aux Tébous lors des raids qu'ils faisaient depuis l'Afrique centrale jusqu'à Siwa, et ce, nous dit la légende, jusqu'à ce qu'Allah, suite aux supplications de Sidi Sliman, saint patron protecteur de Siwa, recouvrît villes et traces d'accès avec du sable.

Le manuscrit arabe énigmatique de Nowaïri[15] : une copie datée du 28 mars 1573

Deux pages de ce manuscrit recoupent des histoires qui ont trait au désert Occidental d'Égypte, qui n'est autre que le désert Libyque. La première de ces deux pages raconte une histoire qui semble être une variante de l'expédition de Musa ibn Nusair que nous avons évoquée plus haut. Quant à la seconde, elle parle de San, fils du roi Marcios. Devenu Sage, San prédit en tant qu'astrologue la destruction de sa ville par un déluge dont le responsable sera un homme venu du pays de Sham. Il construit alors, à l'ouest de cette ville, une forteresse entourée d'un mur de quarante coudées où il cache ses trésors. C'est cette ville qui est redécouverte par Musa ibn Nusair ; c'est notre « ville aux toits d'airain » (voir documents p. 117).

Les récits plus ou moins légendaires

« Ils étaient venus de l'Ouest, ces hommes noirs, aux ongles longs et à la taille gigantesque. Ils avaient pillé nos récoltes, cueilli nos dattes puis s'étaient enfuis sans que l'on puisse les poursuivre. Car ils avaient disparu dans le désert de l'Ouest. »

Ni le paysan du Nil, ni le Bédouin des oasis n'avaient eu le courage de pénétrer dans cet océan de sable dont on disait que personne n'en était jamais revenu. L'armée de Cambyse II, forte de cinquante mille hommes n'y avait-elle pas, en 525 av. J.-C., disparu à tout jamais corps et biens?

Pourtant ce désert était tentant et le soir, à la lueur des étoiles, le vieux Bédouin racontait l'histoire de ce chamelier qui, parti à la recherche d'un chameau égaré, avait découvert une oasis où il devait être agréable de vivre. Ses habitants lui avaient proposé de rester; alors il était reparti pour aller chercher sa famille et les plus proches de sa tribu. Mais, quand il avait voulu revenir avec tous les siens, il n'avait jamais pu jamais retrouver ce lieu enchanteur...

Ces havres de verdure devaient tout de même bien exister, car sinon, comment ces pilleurs venus du fin fond du désert auraient-ils pu réaliser leurs raids? Les guides qui avaient conduit l'armée de Cambyse II devaient bien connaître l'existence d'une source d'approvisionnement en eau et des pâturages, sinon comment auraient-ils accepté d'entraîner dans le désert une armée de cinquante mille hommes... ? À moins que leur but n'ait été de faire périr de soif cette armée...

Pour d'autres conteurs, ce lieu enchanteur n'est pas une oasis mais une ville abandonnée regorgeant de richesses.

La littérature arabe est pleine de telles histoires qui se sont propagées de bouche-à-oreille. Il en va de même des récits des explorateurs qui mentionnent des razzias pratiquées par des hommes venant d'oasis inconnues. Ainsi, les compagnons de Gerhard Rohlfs avaient appris que, vers 1770, l'oasis de Dakhla avait souvent été assaillie par des raids de pilleurs venant du sud-ouest. Pour les faire cesser, le gouvernement mamelouk avait alors envoyé une colonne militaire pour détruire tous les puits situés à six ou huit jours de marche dans la direction d'où venaient ces intrus. Les habitants de Dakhla racontaient aussi qu'en 1840, un homme et une femme, accompagnés d'une vache, étaient arrivés à Dakhla en prétendant venir de Zerzura ! Un peu plus tard, Harding King, interrogeant les habitants de Dakhla qui lui semblaient dignes de foi, signalait que, jusqu'en 1895, d'étranges vaches arrivaient à Dakhla ; qu'une femme était venue d'une oasis du sud avec son garçon, et que, quelques années plus tôt, un homme noir, de très grande taille, portant de longs cheveux et ayant de longs ongles, était venu du sud-ouest et avait volé le pain des habitants. Ceux-ci suivirent sa trace et pour éviter que ces raids ne se reproduisent, ils salèrent les puits qui se trouvaient sur la piste utilisée par cet homme.

On peut se demander si toutes ces histoires ne sont pas des variantes imaginées à partir du récit d'El Bekri cité plus haut.

Les indications trouvées dans les livres des trésors

Au Moyen Âge, il existait de nombreux livres des trésors qui alimentaient la soif de recherche de nombreux Arabes ou Européens. Celui qui est le plus souvent cité, à propos de Zerzura, est le *Livre des perles enfouies*, ou *Book of Hidden Pearls*, ou *Buch der verborgenen Schätze*, et dont le titre complet est : *Livre des perles enfouies et du mystère précieux au sujet des indications des cachettes, des trouvailles et trésors*. En arabe il s'appelle, en abrégé, *Kitab al Kanuz* chez John Ball, titre également utilisé par Almásy en 1936, quoique dans la version plus récente de son ouvrage il en donne un titre moins abrégé, soit *Kitab al Durr al Maknus*. Harding King cite en plus deux autres livres des trésors: celui qu'utilisait, en 1925, Wissa, le docteur de l'oasis de Dakhla, un copte qui parlait anglais, allemand et français ; et celui que possédait son guide, Qwaytin Mohammed Said, originaire de la région de Koufra.

Revenons au *Livre des perles enfouies et du mystère précieux au sujet des indications des cachettes, des trouvailles et trésors* publié et traduit par Ahmed Bey Kamal, membre de l'Institut égyptien et conservateur au Musée égyptien du Caire. Le tome I est en arabe, le tome II en français. Il mentionne plus de quatre cents sites à trésors avec les incantations ou fumigations qu'il faut accomplir pour les découvrir. Ce livre, datant sans doute du XVe siècle, a dû être écrit par un astrologue dont nous ne connaissons pas le nom, à l'intention de son fils.

Il y est fait mention de Zerzura au paragraphe 369.

« § 369. La ville de Warde

Dans la ville de Warde, située derrière El-Qala à Essoury, vous verrez des palmiers, des vignes et des sources. Pénétrez dans le wadi et poussez votre chemin en amont; vous trouverez un autre wadi qui s'étend vers l'ouest entre deux montagnes. De ce dernier wadi part un chemin qui vous conduira à la ville de Farzourah dont vous trouverez la porte fermée ; c'est une ville blanche comme un pigeon et sur la porte de laquelle est sculpté un oiseau. Prenez la clef dans le bec de l'oiseau avec votre main, puis ouvrez la porte de la ville. Entrez-y, vous y trouverez beaucoup de richesses, ainsi que le roi et la reine couchés dans le château. Ne vous en approchez pas, mais prenez les trésors. Fin. »

On note que la traduction faite par Ahmed Bey Kamal se termine par le mot « Fin » ce qui correspond à peu près à celle que Harding King avait reçu de Johnson Pasha : « Prends le trésor et c'est tout. » Mais d'autres auteurs terminent par « Paix avec toi ». D'ailleurs, pour des raisons que nous ignorons, certains explorateurs du XXe siècle considéraient que ce texte, pourtant traduit par un érudit arabe, contenait des inexactitudes et préféraient citer un texte plus récent comportant quelques variantes et dans lequel la ville est Wardaba au lieu de Warde et où Farzourah est remplacé par Zarzura :

« § 369 – La cité de Wardaba

Description d'une cité et de la route qui y mène, laquelle se trouve à l'est de Qala'a es Suri[16], où tu trouveras des palmiers, des vignes et des puits artésiens. Suis cette vallée jusqu'à ce qu'elle rencontre une autre vallée qui s'ouvre vers l'ouest entre deux collines. Tu trouveras dans cette vallée, un chemin, suis-le ; il te conduira à la cité de Zerzura. Sa porte sera fermée. Cette ville est blanche comme une colombe. Près de la porte se trouve un oiseau sculpté. Étends ta main jusqu'à son bec et prends la clé qui s'y trouve. Ouvre la porte et entre dans la ville. Tu y

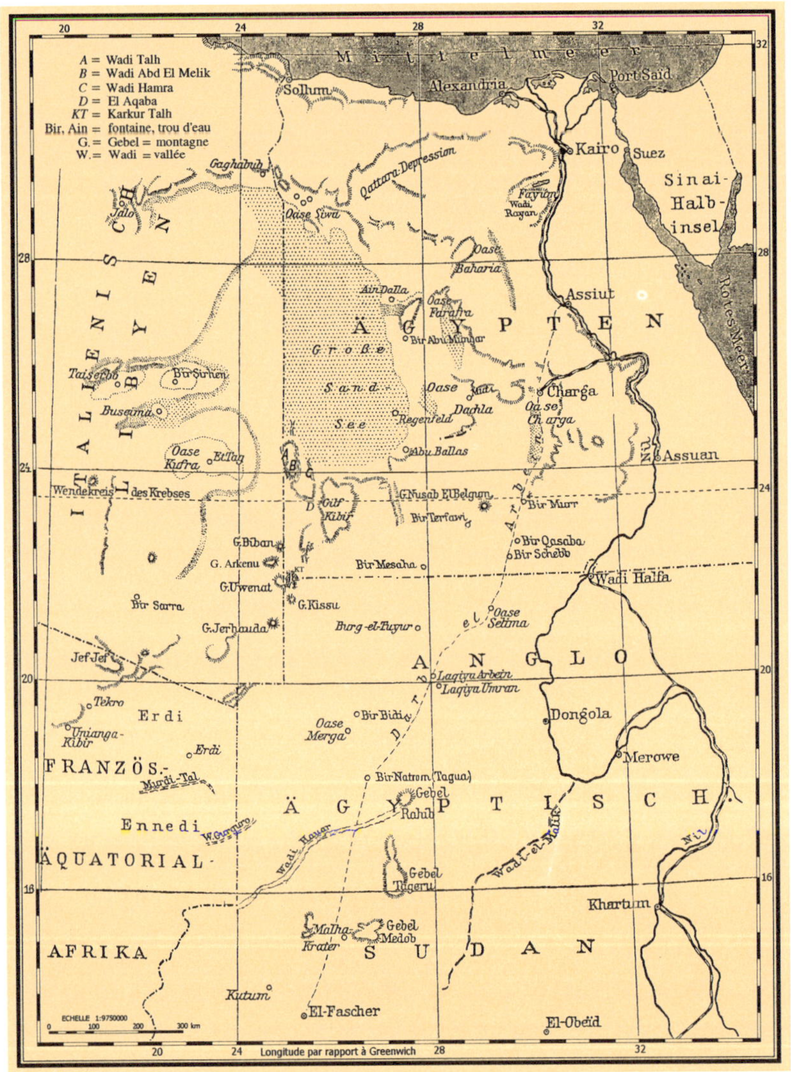

Carte adaptée à partir de celle publiée par Hansjoachim von der Esch dans Weenak, die Karawane ruft

trouveras beaucoup de richesse et le roi et la reine dormant dans leur palace d'un sommeil enchanteur. Ne t'approche pas d'eux. Prends le trésor. Paix avec toi. »

Quoi qu'il en soit, si Farzourah peut être pris pour Zerzura, il s'agirait donc ici d'une ville abandonnée, et non d'une oasis.

L'exploration du désert

Les explorateurs du XIXe siècle

Première mention de Zerzura dans un ouvrage européen : 1835

Le premier récit d'un Européen où est mentionnée Zerzura date de 1835 et se trouve au chapitre 6, du livre d'un missionnaire, Sir J. Gardiner Wilkinson intitulé : *Topography of Thebes and General view of Egypt.*

« À environ cinq ou six jours à l'ouest de la route de El Hanz[17] vers Farafra, se trouve une autre oasis appelée wadi Zarzoora, de la taille de l'oasis de Parva : il s'y trouve beaucoup de palmiers, des sources et des ruines d'âge inconnu. Il y a neuf ans (c'est-à-dire vers 1826) elle a été découverte par un Bédouin à la recherche d'un chameau qui s'était égaré ; d'après les traces humaines et animales elle devait être habitée. Une autre oasis, Kebabo, se trouve six jours plus à l'ouest de cet endroit et à douze jours d'Augila ; Tazerbo, qui se trouve encore plus à l'ouest, forme une partie de la même oasis. On admet que wadi Zarzoora y est également reliée. Les habitants sont noirs et beaucoup d'entre eux ont été enlevés par des Maghrébins comme esclaves. Mais un groupe d'oasis identiques dit les vallées des Noirs se trouve encore plus à l'ouest. »

Au bas de la page de son ouvrage, Wilkinson note :

« On suppose que les Noirs qui ont attaqué il y a quelques années Farafra par surprise et enlevé une grande partie de ses habitants, venaient de cette oasis. D'après un autre récit, Zerzura ne serait qu'à deux ou trois jours exactement à l'ouest de Dakhla (qui n'est connue des Européens que depuis la visite de Sir A. Edmonstone en 1819), et derrière se trouve un autre wadi, puis encore un autre riche en bétail : ensuite Kebabo et Tazerbo ; derrière ces dernières se trouve le wadi Rebeana. »

Les indications de Wilkinson sont très intéressantes : non seulement parce qu'il est le premier Européen qui parle de Zerzura mais aussi parce qu'il fait savoir au monde civilisé qu'il existe en Libye des oasis appelées Kebabo, Tazerbo et Rebeana, ainsi que des oasis situées à l'ouest de Koufra, Wah el Kebir (« la grande oasis ») et Wah el Namus (« l'oasis des moustiques »). Lorsque, le 1er août 1878, Gerhard Rohlfs découvrit ces oasis, il n'y n'avait plus aucune raison de mettre en doute l'existence de Zerzura. Wilkinson apportait de plus une information intéressante et jusqu'alors inédite : il devait y avoir trois wadis. Désormais, les explorateurs n'auront de cesse de les découvrir.

L'expédition de Gerhard Rohlfs : 1873-1874

Rohlfs fut l'un des premiers grands explorateurs du désert Libyque. Il organisa une expédition très lourde, comprenant une centaine d'Arabes et autant de chameaux ; il était accompagné de scientifiques choisis pour leur spécialité : Karl von Zittel, de Munich, était géologue mais il s'occupait aussi de paléontologie ; Paul Ascherson, de Berlin, était botaniste ; Wilhelm Jordan, de Karlsruhe, était le géodésien et Ph. Remelé, le photographe dont les clichés peuvent encore être admirés au Heimatmuseum Schloss Schönebeck de Vegesack, ville natale de G. Rohlfs et proche de Brême.

Le khédive Ismaïl avait chargé Rohlfs d'atteindre Koufra en partant de Dakhla et l'intention de l'explorateur était donc de traverser la Grande Mer de Sable d'est en ouest. Si, dans l'ouvrage qui relate cette importante expédition, Rohlfs parle peu de Zerzura, ce sujet faisait néanmoins partie de ses préoccupations lors de la préparation du voyage, comme a pu nous l'indiquer Horst Gnettner[18]. Dans une lettre adressée le 20 juin 1873 au consul général d'Allemagne à Alexandrie, von Jasmund[19], Rohlfs écrit :

« Nous avons à l'ouest de Farafra une oasis appelée Zerzura où personne n'a jamais été et qui, d'après les dires des habitants de Farafra, doit être habitée et qu'il faudrait soumettre. A l'ouest de Zerzura se trouve Koufra, aussi grande que la Sicile : L'Égypte *devrait* la conquérir. Au sud de cette oasis se trouve Madjanga, qui ouvre l'accès au Wadaï... »

Dans un autre document, non daté et qui semble être un contrat en 14 points[20], le point 10 correspond à Zerzura :

« 10 - Découvrir des oasis, qu'elles soient habitées ou non, cela est évident, et en prendre possession pour son Altesse royale le Vice-Roi d'Égypte. Cela concerne particulièrement les oasis Sersurah, Koufra et Madjanga, toutes de grandes oasis habitées mais qui n'appartiennent à aucune organisation. »

Enfin, dans les mêmes archives, sous le n°15.54, se trouve une lettre, non datée, d'Ascherson à Rohlfs, de transcription difficile, car comme nous l'écrit Horst Gnettner, Ascherson avait une écriture difficile à lire :

« [...] Rebeana appartient d'ailleurs comme Tazerbo et Kebabo au groupe d'oasis qui jadis portait le nom de Koufra. A l'endroit très célèbre du livre *l'Egypte moderne* de Wilkinson et que j'ai transcrit dans mon cahier de notes avant notre voyage dans le désert Libyque, on trouve deux indications concernant Koufra... »

the Nile, therefore, never
r unless a tree falls, an
ford to sacrifice what
annual tax. They
from the dates; and
pomegranates for the
g. Liquorice roots
he Nile to tanksts.
s making a sort of

habitants of the Oasis
industrious and ener-
the *fellâhin* of Egypt,
rable attention to the
eir lands; but they
ugo the same toil in
on the Nile, the
ually flow from plen-
ding a convenient
apply for irrigation.
Les created by the
hale a pernicious
dangerous remit-
annually rages in
season; and it is
sit these districts at
hen the winter and

small Wah el-Hêz is
rch to the S. of the
hish, indeed, it is a
as springs and culti-
ing to the people of
ti, who go there at
ift it, and collect
s no village, and
f buildings as at
d church shows
s of Christian
of a nave and
se upper story.
ve the horseshoe
ndow is a Coptic
600 paces to the
a-brick ruin, about
in the walls, which
ngle, and near this
and some acib-trees,
a previous existence
acr belonging to a
wn.

t 3 days from El-
and village of Fará-
ut 450 inhabitants.

The *kasab*, "cane," mentioned by Ibn-el-Wardi, appears to be the *dokhn* or millet (*Holcus saccharatus*) grown in this district; and it is remarkable that the name *kasab*, usually confined to sugar-cane, is here applied to millet. The productions of Farâfra are very much the same as those of the other Oases, but it excels them in the quality of its olives, which are exported to the Little Oasis. *Farâfra* was formerly called *Trinytheos Oasis*, but it boasts no remains of antiquity. It has a castle or stronghold that commands and protects the village in case of attack from the Arabs, or other enemies. The ancient name was *Ta-ah*, the "land of kine."

Zerzûra, or the Oasis of the Blacks, is only known from the vague descriptions of Arabs, one of whom about a century ago is said to have found an Oasis with palm-trees and springs, when in search of a camel which had strayed. Such accounts are exceedingly difficult to verify, as an Arab's ideas of accuracy are so limited. Similar accounts would place some such Oasis some days S. of the Dakhla Oasis, 5 days W. of Farâfra Oasis, 3 days W. of Dakhla Oasis, or 2 or 3 days W. of Selima Oasis. Traces of an old caravan road lead due S. from Dakhla, and another to the S.W., and possibly springs may exist on these roads, but the immense expanse covered with hills of drift sand prevents any thorough examination beyond what was done by the Rohlf's Expedition of 1874. On the caravan road from Jerabub to Wadai lies a group of Oases collectively known as Kufra, of which the principal divisions are Kebabo and Taserbo. They are under Shikh Senussi.

Oasis of Dakhla.—Four days to the S. of Farâfra is the *Wâh el-Gharbi*, *Wah Dakhla*, or *El-Wah ed-Dakhlie*, "the Western or Inner Oasis." It is called in the hieroglyphic inscriptions, *Tesies*. The name of Dakhla is in opposition to Kharga (which is given to the Great Oasis that lies E. of it),—the one meaning the "inside-

A

HANDBOOK FOR TRAVELLERS

IN LOWER AND UPPER

EGYPT;

INCLUDING DESCRIPTIONS OF

THE COURSE OF THE NILE THROUGH EGYPT AND NUBIA
ALEXANDRIA, CAIRO, THE PYRAMIDS, THEBES
THE FIRST AND SECOND CATARACTS, DONGOLA,
THE SUEZ CANAL, THE PENINSULA OF MOUNT SINAI,
THE OASES, THE FAYYÛM, &c

NINTH EDITION, RE-WRITTEN.

MAPS, PLANS, ETC.

EDITED BY
MARY BRODRICK, PH.D.,
WITH THE ASSISTANCE OF
PROF. SAYCE AND CAPT. H. G. LYONS, R.E.

LONDON:
JOHN MURRAY, ALBEMARLE STREET.
CAIRO: G.G. ZACHARIA; CH. LIVADAS; CH. HORNSTEIN
1896.

En fait, il s'agit très vraisemblablement d'informations très proches de celles que nous avons déjà citées qui proviennent de l'ouvrage *Topography of Thebes and General view of Egypt* de Wilkinson.

Dans l'ouvrage même de Rohlfs, on trouve mention de Zerzura :

« Nous étions à Dakhla et Jordan s'apprêtait à partir en reconnaissance vers l'ouest, accompagné de Morlock, son serviteur allemand, de deux aides indigènes et de deux chameliers avec vingt chameaux. La veille du départ, plusieurs de nos Bédouins, après nous avoir juré au nom d'Allah et du Prophète de nous accompagner partout, et nous avoir assuré qu'ils connaissaient le chemin qui conduit à Zerzura, au dernier moment, alors que les chameaux étaient chargés et que Zittel désirait partir, se mirent en grève. Les implorer, les menacer, leur proposer de l'argent ni même le fouet en rhinocéros du Moudir[21] qui frappa au visage celui qui criait le plus, rien ne put les faire changer d'avis. Ils prétextaient que, d'après le contrat qu'ils avaient signé auprès du Moudir, ils n'avaient pas à nous conduire en dehors des frontières égyptiennes. Partir avec de telles personnes n'était pas raisonnable. Grâce à nos serviteurs, nous avons pu rapidement remplacer les récalcitrants et le départ fut donné. »

Comme les compagnons arabes de Rohlfs avaient tous entendu parler de Zerzura, Zittel espérait tout de même en apprendre un peu plus sur cette oasis mythique ; mais au fur et à mesure que la caravane se dirigeait vers l'ouest, les informations devenaient de plus en plus vagues. Karl von Zittel avait d'ailleurs remarqué qu'aucun habitant de Farafra ou de Dakhla n'avait eu le courage de pénétrer dans ce désert de l'ouest même si tous avaient entendu parler de chameaux échappés de ce lieu et où devaient se trouver des palmeraies.

Bien plus tard, Rohlfs rencontra non pas des chameaux échappés mais des esclaves : alors qu'il campait, fin février 1874, à Bin Rhartaïn – endroit situé à quelques jours de marche à l'est-sud-est de Siwa en direction de Farafra, et qui veut dire « entre les deux dunes » –, il rencontra trois esclaves noirs, qui, d'après ce qu'écrivit Harding King, devaient venir de Zerzura : en fait, Rohlfs exposa clairement qu'ils s'étaient échappés de l'oasis de Baharia et qu'ils leur avaient demandé eau et nourriture. En réalité, Rohlfs croyait si peu à l'existence de Zerzura, qu'il baptisa ainsi une localité où se trouvait une végétation clairsemée, située sur sa carte à cent vingt kilomètres à l'ouest-sud-ouest de Dakhla.

Rohlfs ne put donc découvrir Zerzura, ce qui aurait pourtant facilité la progression de son expédition. Mais alors qu'il se demandait s'il allait pouvoir continuer vers l'ouest, faute de réserve en eau et de pâturage, il fut surpris par une pluie qui cloua l'expédition sur place pendant plus de deux jours. Rohlfs décida d'abandonner la progression vers l'ouest : il craignait, en effet, de manquer de pâturage et de rencontrer une barrière ininterrompue de dunes difficilement franchissables. Le mauvais temps étant de la partie, il choisit plutôt de se diriger vers le nord, ce qui les amena à Siwa. Atteindre Koufra n'était donc plus possible, mais cette expédition fut tout de même une réussite. Elle a été marquée par quelques événements qui valent la peine d'être relatés.

Mais revenons à Zerzura : à cette époque, cette oasis mythique n'en fascinait pas moins le public, à en croire le *Murray's guide to Egypt*, paru en 1896 dont nous avons pu retrouver un exemplaire.

Le texte relatif à Zerzura donne les quatre positions suivantes indiquées par les Arabes :

1 – A quelques jours au sud de l'oasis de Dakhla

2 – A cinq jours à l'ouest de l'oasis de Farafra

3 – A trois jours à l'ouest de l'oasis de Dakhla

4 – A deux ou trois jours à l'ouest de l'oasis de Selima.

Le premier site correspondrait à peu près au puits de Bir Terfawi qui se situe à environ deux cent quatre vingt-kilomètres de Dakhla.

Le second le situe aux coordonnées 27° N - 26° E, dans la Grande Mer de Sable.

Le troisième, également dans la Grande Mer de Sable, correspond à un des sites mentionnés par Wilkinson.

Le quatrième le place à mi-chemin entre le puits de Bir Terfawi et l'oasis de Merga (Soudan).

Les indications fournies par les Arabes se recoupaient ainsi relativement bien.

Les explorateurs du XXe siècle

Le désert Libyque a été parcouru, étudié, cartographié par de nombreux spécialistes, souvent des Anglais, mais aussi des Égyptiens, des Hongrois, des Allemands, des Autrichiens travaillant en général dans le cadre de missions du gouvernement égyptien. Si certains ont monté des expéditions dans le but de découvrir des oasis légendaires, et en particulier Zerzura, la plupart des autres ont simplement, à un moment ou à un autre, orienté pour un temps leur expédition à la recherche de cette oasis mythique.

Les explorations du désert Libyque ont été fort nombreuses et nous avons essayé d'établir la liste la plus complète possible de toutes les expéditions (voir documents p. 161). Nous présentons ci-après les principaux explorateurs qui se sont attaqués à la recherche de Zerzura et ce, dans l'ordre chronologique de leurs expéditions.

Prince Kemal el Dine

C'était le fils du khédive Hussein ; après la Première Guerre mondiale, on lui offrit la couronne d'Égypte, mais, beaucoup plus intéressé par la chasse et les explorations, il la refusa et elle alla à son cousin Fouad, en 1922. Le prince Kemal el Dine parcourut presque chaque hiver, de 1896 à 1922, avec des chameaux, la partie nord du désert Libyque et commença à explorer la partie centrale, en 1923, avec des véhicules doublés quelquefois de chameaux pour le ravitaillement. C'est lui qui baptisa en 1923 le Potteries Hill découvert par John Ball (voir plus loin) en Abou Ballas ou « Père des jarres » ou « Lieu des jarres ». Dès 1904, il entendit parler d'Ouenat mais ce massif ne fut découvert par Hassanein Bey, en compagnie de son cheval *Baraka*, qu'au printemps de 1923 et Kemal el Dine n'y arriva qu'en 1924. De 1923 à 1926, il parcourut le désert avec des autochenilles Citroën et des véhicules Ford. C'est en 1926 qu'il explora pour la première fois un plateau gréseux situé au sud-ouest de l'Égypte et qu'avait déjà aperçu le Dr John Ball en 1917. Le prince Kemal le baptisera « Gilf Kebir ».

Nous n'avons pas de détails sur ses expéditions postérieures. Amputé d'une jambe suite à un accident survenu au cours de sa dernière expédition, il mourut, sans doute d'une gangrène, en août 1932.

Harding King

Ses voyages se sont échelonnés entre 1909 et 1913. Nous ignorons quelle était sa profession mais nous savons qu'il a commencé sa carrière comme assistant de l'archéologue Bates ; il a été très actif sur le plan scientifique, et bien sûr, il rechercha Zerzura.

Le but de ses deux premières expéditions – de 1909 et 1911 – était d'explorer la région qui s'étend de Dakhla vers le sud-ouest et jusqu'au sud du Tibesti.

Parmi les nombreuses pistes qu'il découvrit, l'une semblait être plus importante et était sans doute une route caravanière. Il remarqua de nombreux oiseaux migrateurs, dont certains étaient des oiseaux aquatiques qui venaient de l'endroit où allait cette route caravanière. Wilkinson s'était déjà demandé, en 1835, s'il ne devait pas y avoir quelque part un marais ou un lac, que beaucoup d'anciens géographes évoquaient; peut-être était-ce la « mare des tortues de boue » dont parlait Ptolémée?[22] L'un des guides de Harding King avait entendu parler d'un lac dont le nom – dont il n'était pas sûr – pouvait être « Wayta ». Le jabot des quelques oiseaux que Harding King avait tués pour se nourrir contenait des graines et des olives[23]. Il plaçait cette « oasis aux olives » à une distance de dix à onze jours de Dakhla, ce qui pouvait correspondre à l'Ouenat ou à un point défini par les coordonnées 22° 30' N – 26° 30' E. Au cours de ses deux voyages, Harding King collecta une cinquantaine d'espèces de plantes ; il s'intéressa aux insectes, à l'ethnologie et à la préhistoire ; il releva deux cents graffitis sur la route de Gubari, entre Kharga et Dakhla (ils sont reproduits dans le livre *Mysteries of the Libyan desert*). Il procéda à des mesures d'altitude, étudia la géologie et la formation des dunes et il donna une description intéressante du bruit du sable des dunes, comme celui d'un bruit faible, perceptible en général pendant un quart d'heure à une heure après le coucher du soleil. King remarqua en fait deux types de bruit : l'un ressemblant à celui que fait le vent dans les lignes téléphoniques, l'autre à un bruit de battement sourd qui lui rappelait celui de Big Ben, à Londres.

Dans son article de 1913, il mentionne Zerzura sans trop y croire : ce serait peut-être le « Dendura » de Rohlfs, ou simplement un nom générique voulant signifier « l'endroit aux petits oiseaux ». Enfin, il entend des indigènes dire qu'il s'agit tout simplement de « l'oasis égyptienne » ou des ruines signalées à l'ouest de Mut.

L'explorateur égyptien Hassanein Bey, lors de sa grande traversée nord-sud du désert Libyque en 1923

Mysteries of the Libyan Desert, l'ouvrage le plus important de Harding King, fourmille d'informations. Il s'était entouré de quelques compagnons arabes, plus ou moins fiables et avait rencontré de nombreux édiles, l'omda [24] de Rachida, le gouverneur anglais de Kharga, E. A. Johnson Pacha, le cheikh Sénoussi el Mawhub, et le docteur copte de Kharga, Wissa. A toutes ces personnes, il posa des questions sur Zerzura et eut les réponses que ses interlocuteurs tiraient du Kitab al Durr al Maknus dont nous avons déjà parlé plus haut.

Ahmed Hassanein Bey

Devenu, par la suite, chambellan du roi Fouad 1er, il commença par explorer la région de Koufra, accompagné d'une jeune exploratrice anglaise, Rosita Forbes. Sans l'aide d'Hassanein Bey, qui l'a fait passer pour son épouse, Sitt Khadija, il aurait été impossible à une femme, de plus non musulmane, de pénétrer dans le domaine réservé du « Grand Sénoussi », Sidi Mohammed-Ben-Ali-es-Senussi. Avec l'aide de Saied Idris, Hassanein Bey atteignit Koufra en janvier 1921 accompagné de Rosita Forbes. Elle l'aida considérablement à établir la carte de la région à la grande satisfaction du Dr Ball, carte qu'elle publia dans le *Geographical Journal*, vol. 68, p. 248. Dans son ouvrage *Lost oases* [25], Hassanein Bey raconte sa seconde expédition, celle de 1923. Ce fut une très longue expédition puisqu'elle dura sept mois et vingt-trois jours. Elle le mena, en trois mille cinq cents kilomètres, de Sollum à Obeid (Tchad), et lui permit de découvrir deux oasis qui demeuraient jusque-là légendaires, elles aussi, et dont Harding King ainsi que le commandant Tilho, avaient entendu parler : il s'agissait de l'Ouenat et de l'Arkenu qui, bien connues des Bédouins, n'avaient pas encore été localisées par les Européens ni les Égyptiens du Nord.

Dr John Ball

Chef du Desert Survey Department d'Égypte, cet hydrogéologue connaissait parfaitement bien le désert Libyque. Il le parcourut dès 1899 ; c'est lui qui découvrit, en 1917, au pied d'une gara, à deux cent quarante kilomètres au sud-ouest de Dakhla, un dépôt de jarres qu'il appela « Potteries Hill ». Beaucoup étaient cassées ; certaines portaient une signature attribuée aux Tébous, ces habitants noirs, de grande taille. Utilisées pour stocker de l'eau, ces jarres semblaient indiquer le passage d'une piste caravanière à cet endroit. Plus tard, il fut établi qu'il y avait en fait deux types de récipients : les uns avaient un fond arrondi, les autres se terminaient en pointe et ressemblaient à des amphores. Les premiers récipients ont pu être datés, grâce à la méthode de la thermoluminescence. Ils remonteraient au Moyen Empire, soit à 2000 ans ± 20 % av. J.-C.[26] Pour les autres, trop récents pour pouvoir être datés valablement par la méthode de la thermoluminescence, on suppose qu'ils ont été utilisés par les Tébous lors de leurs razzias.

En 1927, le Dr Ball écrit trois articles de soixante-neuf pages sur le désert Libyque. Très documentés et très techniques, ils comprennent une carte, dix-huit photos et analysent douze problèmes : dix sont d'ordre géologique, géomorphologique ou hydrogéologique et deux nous concernent directement puisqu'ils nous donnent l'opinion du Dr Ball sur Zerzura et sur « La mare aux tortues » de Ptolémée.

Faisant fi de tous les on-dit, de toutes les légendes et récits des Arabes, il analyse scientifiquement la probabilité de l'existence réelle ou non de Zerzura. Il n'y a que deux possibilités, écrit-il. Ou bien il s'agit d'une oasis alimentée par des sources à la suite de pluies et, dans ce cas, elle ne peut se situer que dans les massifs montagneux (on verra que ce sera l'hypothèse défendue par Almásy, mais s'agit-il alors encore d'une véritable oasis?) ou bien c'est une oasis qui dépend du niveau de la nappe phréatique. N'oublions pas que John Ball, excellent hydrogéologue, est maître en la matière. Se basant sur des considérations géologiques, topographiques et sur la profondeur des nappes phréatiques, il n'envisage que deux régions propices à l'existence d'une oasis : une région assez au nord et pouvant se situer à trois cent vingt kilomètres au sud de Siwa ; une région plus au sud, aux environs de l'oasis Bir Terfawi, soit à l'est de 27° 00' E et au sud de 23° 30' N.

Quant à « La mare aux tortues », le Dr Ball procède à une analyse détaillée des œuvres de Ptolémée et constate que ce dernier a fait des erreurs de coordonnées. Il trouve alors le moyen de les corriger, ce qui lui donne à penser que cette mare aux tortues pourrait se situer aux environs de Koufra.

Dans un article plus récent, il fait une intéressante critique de la littérature arabe traitant des trésors cachés et des oasis perdues : il rappelle que Zerzura est mentionnée dans deux ouvrages arabes différents, dans celui d'Osman el Nâboulsî et dans le Kitab al Durr al Maknus. Selon le premier ouvrage, il s'agirait d'un village abandonné situé au Fayoum. Dans le Kitab al Durr al Maknus, c'est la ville fortifiée, blanche comme un pigeon... Pour le Dr Ball, il s'agit, dans le premier cas, d'une histoire tissée autour des ruines d'un village évoqué par Nâboulsî et situé à la limite ouest du Fayoum, quelque part au nord du wadi Rayan : son nom ancien rappelant celui d'un petit oiseau pourrait être à l'origine de son aspect « blanc comme un pigeon » ou de l'histoire de « l'oiseau sculpté » que nous raconte la légende. Mais on peut maintenant se demander s'il y a une relation quelconque entre ces villages et une oasis du même nom.

Le Dr Ball a aussi réalisé que le mythe de Zerzura, au même titre que les histoires de trésors cachés, n'était pas spécialement confiné à l'Égypte. Ces histoires et ce mythe étaient également très courants en allant plus vers l'ouest et beaucoup parmi les magiciens qui prononçaient des incantations et brûlaient de l'encens selon les rites décrits dans le Kitab al Durr al Maknus étaient, en réalité, des Maures.

Toutes ces réflexions amenèrent le Dr John Ball à faire un tri entre les histoires de trésors cachés et celles qui parlent d'oasis perdues. Dans le premier cas, il pensait que seules les personnes très crédules pouvaient se laisser tenter par ces informations qui faisaient toujours référence aux pratiques de la magie. Dans le cas des oasis perdues, et en particulier dans les récits concernés du Kitab al Durr al Maknus, même s'il n'est que très rarement fait appel à la magie, les sites décrits pouvaient tout à fait sembler dignes de foi, même à des personnes cultivées, mais rien ne prouvait que Zerzura existait bel et bien. Un habile conteur adaptera d'ailleurs ses histoires à son auditoire et conservera le nom de Zerzura d'une façon tout à fait mythique. Cette légende eut beaucoup de succès. Elle était très répandue. Cela est peut-être dû au fait qu'il y a quelques centaines d'années, un conteur ou un magicien maure, ayant pratiqué son métier en Égypte, connaissant le Kitab al Durr al Maknus et accompagnant des caravanes pour retourner au Maroc, colportait ces histoires. De campements en campements, les trésors cachés du désert Libyque allaient devenir des oasis inconnues auxquelles le bédouin pouvait rêver… et qu'il espérait découvrir.

John Ball finit par conclure que ce Zerzura était un lieu mythique et donc inexistant; mais, pour lui, comme pour d'autres, cela ne l'empêcha pas de croire qu'il existait encore des oasis inconnues des Européens dans le désert Libyque.

Colonel N. B. de Lancey Forth

Lancey Forth effectua plusieurs voyages pendant les hivers 1921, 1922-1923, 1924 et 1928-1929. En 1921, accompagné par le colonel Macdonnel, alors gouverneur du désert Occidental, il explora la zone nord où le Dr John Ball pensait que Zerzura pouvait se trouver, à trois cent vingt kilomètres au sud de Siwa. Lancey Forth ne put toutefois pénétrer le désert que sur cent soixante kilomètres. Il reprit néanmoins ce voyage, très intéressant, en 1924, avec le capitaine Hatton.

Il commença par établir un dépôt à l'endroit qu'il avait atteint en 1921 et réussit, cette fois-ci, à progresser de trois cent vingt kilomètres au sud de Siwa. Toutefois, il ne put trouver Zerzura. Il n'avait pas de théodolite, mais d'après sa carte tracée à la boussole, on peut supposer qu'il arriva à la latitude 27° N et à un point qui devait se trouver à quatre-vingts kilomètres à l'ouest de la route parcourue par Rohlfs. Durant l'hiver 1922-1923, Lancey Forth explora la région à l'ouest d'Abou Mungar et de Dakhla, ce qui correspond à une zone à peu près limitée au nord par le Regenfeld de Rohlfs et au sud par son Ammonite Hill (colline aux ammonites). Le capitaine A.D. Macdonald, des fusiliers du Lancashire, avait amené les chameaux depuis la vallée du Nil à Dakhla via Kharga sans problèmes. À partir de cette oasis, Lancey Forth pouvait maintenant commencer à pénétrer dans les dunes. Il décrit ainsi ce voyage difficile : « Je fis, dans cette zone qui se situe entre les escarpements de Koufra–Abu Mungar et la route de Rohlfs, de Regenfeld à l'Ammonite Hill, de nombreuses allées et venues en toute direction ; en effet, mon guide me raconta, lors d'un de ses voyages, alors que sa caravane s'était momentanément perdue, avoir vu, en marchant de Koufra à Abu Mungar et à quelque distance de là, des palmiers et de la végétation. Mais, surpris par un vent très chaud, la caravane était aux abois et plutôt que de s'écarter du chemin habituel a préféré poursuivre jusqu'à Abu Mungar où elle était sûre de trouver de l'eau. Au bout de quelques jours, constatant que mon guide était complètement perdu, je pris l'affaire en main et nous nous dirigeâmes vers l'escarpement noir de l'Ammonite Hill. Je n'ai pas escaladé cette colline, car si l'on pouvait, depuis son sommet, découvrir une éventuelle oasis, Rohlfs l'aurait signalé. Par la suite, j'ai un peu regretté de n'avoir pas fait cette ascension, mais c'était une question de temps. A dix miles au nord-est d'Ammonite Hill, nous avons trouvé dans une vallée recouverte d'une herbe maigre sur un ou deux miles, des traces d'animaux essentiellement de chacals et de renards, traces qui venaient du nord ou nord-ouest. Notre camp reçu aussi la visite d'oiseaux qui n'étaient certainement pas des oiseaux migrateurs. Mais nos chameaux n'en pouvaient plus et nous avons dû reprendre la route en direction d'Abu Mungar. Très rapidement, les traces d'animaux disparurent. »

Dans son article, Lancey Forth nous rappelle qu'en 1924, lors de son deuxième voyage au sud de Siwa, il avait rencontré, à Mersa Matruh, un chef Sénoussi auquel il avait raconté son voyage de 1922-1923. « La prochaine fois que tu retournes dans cette région, va dans les dunes à l'ouest d'Abu Mungar ; là tu trouveras l'oasis que tu cherches », lui avait confié ce personnage. Lancey Forth écrivit alors que « cette indication était tout à fait en accord avec les traces animales que nous avions vues. J'avais d'ailleurs souvent entendu que pour trouver Zerzura, il fallait suivre des traces animales ». Un peu plus loin dans son article, Lancey Forth rappelle que Harding King, dans son ouvrage *Mysteries of the Libyan Desert* écrit que « d'après des informations obtenues auprès des indigènes, une grande oasis devrait se trouver au sud-ouest d'Iddaila, c'est-à-dire au nord d'Abu Mungar. Je ne sais pas de qui Harding

King tenait ses informations. Moi-même j'ai souvent interrogé le vieux postier noir de Siwa qui, jadis, portait le courrier d'une seule traite à Koufra. Il est peut-être encore en vie. Il partait de Labbaq et disait mettre douze jours jusqu'au prochain point d'eau. Quant au cheikh Muhammad el Mawhub, un moment à la tête des Sénoussis de Dakhla, il ne prenait de l'eau que pour cinq jours lorsqu'il quittait Dakhla pour Koufra ».

Mais Lancey Forth n'eut pas la chance de lever ce mystère. Pourtant cette Zerzura devait bien se trouver quelque part... Il termine son article en donnant quelques informations supplémentaires concernant des oasis non encore découvertes et qui pourraient intéresser les chercheurs de Zerzura :

« Un de mes hommes auquel je pouvais faire entière confiance me rapporta l'histoire suivante : alors que militaire, il campait au cours d'une mission avec ses gens à Abu Mungar, un homme, sans doute un Touareg, a essayé un soir de voler un de leurs chameaux. Ils l'attrapèrent mais il arriva à s'échapper. En le poursuivant ils constatèrent que ses traces venait de l'ouest. Ils les suivirent pendant deux jours puis les perdirent. Aucun Touareg ne s'essayerait à ces incursions s'il n'y avait pas, quelque part, de l'eau. »

Enfin, un de ses amis, le major Jennings Bramley lui raconta que, quelques années auparavant, lors d'un voyage de Siwa à Farafra, alors qu'il recherchait des chameaux égarés très loin dans les dunes, il était tombé sur un lac entouré de palmiers. Il y avait des ruines et, sur le lac, de nombreux oiseaux sauvages. Le guide qui les avait accompagnés ayant disparu, il n'avait jamais pu retrouver ce site. Tout cela renforçait l'idée que Zerzura devait bien exister. Mais où donc était cette fameuse oasis ?

Aux dires de Ralph Bagnold, c'est sans doute Lancey Forth qui croyait le plus en l'existence de Zerzura ; longtemps malade, l'idée qu'il pourrait un jour découvrir cette oasis le maintint en vie. Il savait communiquer son enthousiasme aux autres et Bagnold, qui lui a souvent rendu visite pendant sa maladie, attachait beaucoup de poids à ses opinions. Lancey Forth était, en effet, le seul homme encore vivant à avoir pénétré la Grande Mer de Sable avant 1930. Peu avant sa mort, Lancey Forth profita d'une rémission de courte durée pour retourner en Égypte et préparer une nouvelle expédition. Il avait été invité par son camarade Wilfred Jennings Bramley, dit « Wiffy » à séjourner à Borg el Arab, dans la belle maison appelée « Dar el Badiah » (la maison du désert) où son camarade s'était retiré. À peine arrivé chez Wiffy, il organisa un symposium auquel Sayed Idris es Senussi participa. Un point placé sur la carte qu'il utilisa lors de ces discussions indique l'endroit où il pensait trouver Zerzura avec, dans la marge, une note qui commentait le résultat des discussions.

Malheureusement, au cours de son séjour chez son ami Wiffy, la maladie repris le dessus. Il fut admis à l'hôpital anglo-suisse d'Alexandrie où il mourut le 5 mars 1933 d'une pneumonie à l'âge de cinquante-quatre ans.

Douglas Newbold

Il effectua une première expédition en 1923 au Soudan, mais nous nous intéresserons surtout à celle de 1927 qu'il fit avec Kennedy Shaw, de El Obeid à wadi Halfa et dont le but était, entre autres, de trouver Zerzura dans le site le plus au sud proposé par le Dr John Ball. Douglas Newbold avait recueilli, auprès des indigènes, trois sites possibles parmi lesquels le site originalement indiqué par Harding King (21° 30' N – 27° 20' E). Trois arguments vont dans le sens de cette position : 1/la profondeur de la nappe phréatique, 2/la concordance de ces indications avec celles développées dans le *Guide de l'Égypte* de Murray, 3/la tradition qui voudrait que, dans les provinces de Halfa et de Dongola, une oasis existât au nord ou au nord-ouest de Lagia (ou Laquiyat Umran). L'expédition ne trouva pas Zerzura. Pourtant, Newbold pensait qu'une oasis devait bien se trouver dans ces parages, ainsi que deux autres oasis, encore inconnues au Soudan, l'une au nord-ouest de Merga et l'autre à l'ouest-sud-ouest de Bir Natrun.

Beadnell

Il effectua plusieurs missions, en 1927 et 1928, pour creuser ou aménager des puits dans le désert Libyque. Douglas Newbold l'avait informé de l'expédition qu'avait réalisée Kennedy Shaw, en 1927, et le Dr John Ball lui envoya une copie d'un article concernant Zerzura écrit par le professeur Borchardt. Il lui suggéra aussi, s'il voulait se mettre en quête de Zerzura, de donner son avis à la Geographical Society où la plupart des chercheurs de l'oasis avaient envoyé leurs comptes rendus. Nous étions en 1929. Beadnell décida alors, avant de terminer son contrat, de visiter tous les lieux susceptibles de correspondre à l'emplacement de Zerzura. D'après les articles que lui avaient envoyé ses confrères, cette oasis se situait, soit à environ deux cent trente kilomètres au sud-ouest de Bir Terfawi, soit encore à cent kilomètres au sud-ouest de Bir Messaha, puits qu'il avait nouvellement creusé. Beadnell décrivit en détail la topographie, la lithologie, les plantes de ces lieux et étudia, en particulier pour les sites proposés, la profondeur de leur nappe phréatique. Pour lui, leur niveau actuel était incompatible avec l'existence d'une oasis. Mais il affirma cependant que « la présence de nombreux acacias et de buissons de tamaris pourraient être des reliques d'une époque plus humide alors que la nappe phréatique était plus proche de la surface, l'abaissement actuel de la nappe pouvant être la conséquence de nombreux puits artésiens forés à Dakhla et Kharga et, pour certains d'entre eux, exploités depuis les époques perses et romaines ».

Orde Wingate

Il avait déjà à son actif cinq années de marche à travers le Soudan. Ceci le décida à explorer le désert Libyque non pas avec des véhicules – il était peu attiré par la mécanique – mais à pied et avec des chameaux. C'était moins cher, sans doute plus fatiguant mais moins éprouvant. Wingate estimait surtout qu'en voyageant lentement et au ras du sol, on faisait beaucoup plus de découvertes qu'en voiture. Il prit beaucoup de soin à préparer son expédition, à s'initier à la manipulation d'un théodolite, à s'informer sur la géologie et la préhistoire, à choisir ses chameaux – ils seront treize – et quatre chameliers. La mission devant durer cinq semaines, il fallait établir un dépôt intermédiaire de vivres et d'eau. Au cours de son expédition, deux de ses compagnons arabes et huit de ses chameaux feront de nombreuses allées et venues entre son campement et ce dépôt tandis que lui-même continuait l'exploration avec les deux autres Arabes et cinq chameaux. Pour mesurer les distances parcourues, il utilisa un moyen très simple et pourtant précis : une roue de bicyclette associée à un compteur, qu'il traînait derrière lui.

Nous étions en 1934. Alors que ses collègues dirigeaient déjà leurs explorations vers la recherche des oasis de pluie, l'expédition de Wingate avait pour seul but de rechercher Zerzura dans la région où, d'après les informations qu'il avait recueillies auprès du colonel de Lancey Forth, du prince Kemal el Dine, de Newbold, du Dr John Ball, ainsi que d'après les dires de plusieurs membres de la tribu des Zwayas, cette oasis devait se trouver, c'est-à-dire au milieu de la Grande Mer de Sable. Wingate avait ainsi décidé d'explorer la région située entre les points 26° à 27° 30' N et 26° à 25° E. Au matin du 1er février, il partit d'Abou Mungar et alla jusqu'à la limite ouest de la Grande Mer de Sable. Là, il fit des observations pertinentes sur les dunes, les vents, les plantes, les animaux et les artefacts. Il vit de nombreux cadavres d'oiseaux dont il donne les noms latins, mais aussi des faucons en vol et des traces récentes d'autres oiseaux. Ces traces devinrent de plus en plus fréquentes au fur et à mesure qu'il progressait vers l'ouest. Au matin du 17 février, alors que l'expédition venait de camper après avoir franchi le vingt-deuxième cordon dunaire, lui et ses hommes se réveillèrent couverts de sable, une épaisse brume cachant le soleil. Alors, Es Senussi Abdullah, son guide Zwaya, lui révéla qu'il en était toujours ainsi lorsque l'on s'approchait de Zerzura, et que cela était dû aux Djinns qui habitent la région. Ce n'est toutefois que le surlendemain que Wingate atteignit enfin l'endroit où l'oasis mythique devait se situer : mais il ne trouva pas de traces de Zerzura. Il fut même fort déçu car dans ce paysage très désertique il aperçut un symbole de la civilisation actuelle : c'était un véhicule appartenant au Service topographique du désert : celui de Pat Clayton qu'il rencontra le soir même. Cela se passait au point le plus extrême à l'ouest que Wingate avait voulu atteindre. L'expédition rebroussa chemin pour arriver à Maihub, proche de Dakhla, le 6 mars, très tard dans la nuit. Cette fois encore, Zerzura conservait son mystère...

Major, puis brigadier[27] Ralph Alger Bagnold

Militaire de carrière, il explora le désert Libyque, de 1926 à 1929, et fut un des premiers à le parcourir avec un véhicule Ford Modèle T. C'était aussi un esprit scientifique qui consacra sa vie à l'étude des déserts et des mouvements du sable, à la formation des dunes et plus généralement au transport des matériaux par l'air ou l'eau; ses travaux et ses articles constituent encore

Almásy

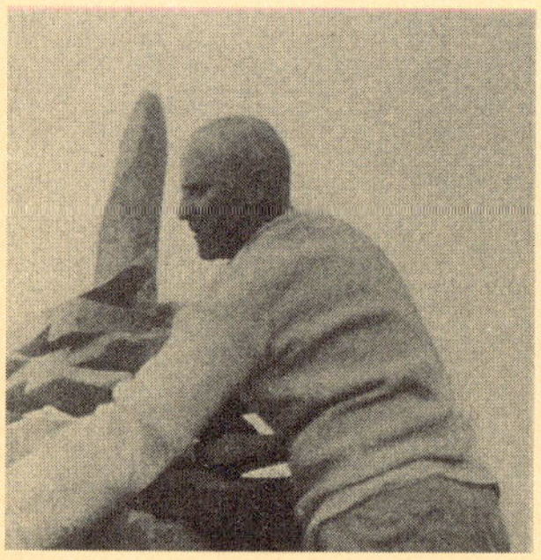

Penderel, l'aviateur

Mahmud, le cuisinier

Kàdàr, le géographe

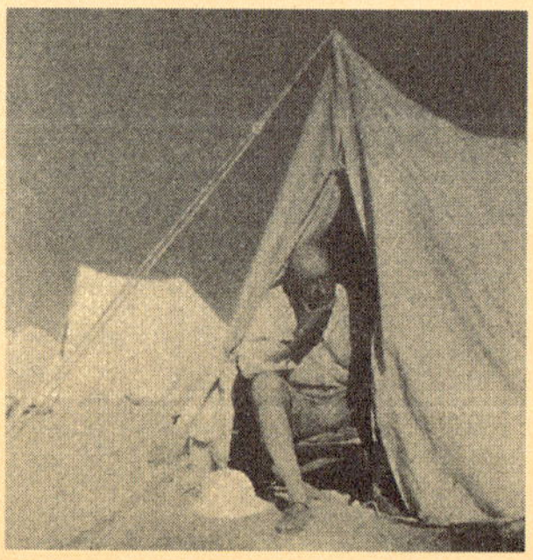

Casparius, le photographe

Hoellriegel, l'auteur du livre

Les membres de l'expédition Almásy en 1935
Photos extraites de Arnold Hoellriegel, Zarzura, die Oase der kleinen Vögel

maintenant la référence dans ce domaine et un recueil de ses principales publications relatives à ce sujet a été publié récemment. Sa biographie est parue en 1998 mais c'est son livre *Libyan Sands : travel in a dead world* qui nous concerne plus particulièrement. Il y évoque les problèmes liés à ce désert et, dans le chapitre consacré à Zerzura, retrace les grandes étapes qui ont jalonné la recherche de ce lieu mythique, et donne pour Zerzura les sites possibles que nous connaissons déjà.

Ralph Bagnold organisa une expédition en 1938 pour vérifier ses études antérieures sur les dunes et le sable, et grâce au financement de Sir Robert Mond, il put, avec son équipe, étudier la préhistoire et l'archéologie des régions explorées, à savoir l'Ouenat et le Gilf Kebir. Il fut accompagné de O.H. Myers, T. Gray, H.A. Winkler et R.F. Peel. Déjà à la retraite, il offrit ses services en 1938 au général Wavell pour créer le Long Range Desert Group qui tint tête à l'armée allemande.

László Edouardo de Almásy

Passionné de voitures et d'avions, aventurier, parlant couramment six langues, le comte hongrois Lászlo Edouardo de Almásy, né le 22 août 1895 à Borostyanko (appelé maintenant Bernstein), étudia à l'université de Londres. Il tenait sans doute de son père, György, spécialiste fort reconnu des pays asiatiques, sa passion pour les explorations. Pour ses amis «il était fonceur, sans être imprudent et avant tout très adroit, mais pas spécialement diplomate». En 1921, alors que le roi Charles II avait dû abdiquer, il l'aida en le conduisant avec sa voiture à Budapest où il espérait à nouveau se faire couronner. Pour le remercier de son aide, le roi éleva Almásy au rang de comte. Il fit ses débuts en Afrique en organisant, en 1926, une expédition de chasse au Soudan, pour le prince Antal Esterházy. C'est en 1929 qu'il parcourut pour la première fois l'Égypte; c'était à l'occasion d'un voyage en automobile avec le prince Ferdinand de Liechtenstein, voyage qui les conduisit de Mombasa à Alexandrie. Cette expédition impliquait la traversée de la « ceinture de boue » du Soudan du Sud et, plus au nord, celle de la Darb el Arba'in. C'était la première fois que la « piste des quarante jours » était parcourue en automobile. Cette piste était très redoutée : depuis les temps pharaoniques, c'était la grande voie de communication entre l'Afrique noire et le Nil, par laquelle, le « bétail à deux pattes », autrement dit les esclaves, étaient acheminés vers le nord ; or aujourd'hui encore, on découvre le long de cette piste les quelques squelettes de ceux, à l'époque nombreux, qui perdirent la vie le long de ses deux mille kilomètres.

Almásy prit goût à ces espaces désertiques et, à partir de 1929, il fut tenté par l'exploration du désert Libyque qu'il effectua, soit avec son ami et sponsor, le prince Kemal el Dine, soit avec ses collègues anglais, Sir Robert East Clayton, Ralph Bagnold et Patrick Clayton, soit encore avec l'Allemand Hansjoachim von der Esch. Nous donnons plus loin le récit complet de ses expéditions. Pendant la guerre, il se mit au service des Allemands et sa parfaite connaissance du désert Libyque lui permit de convoyer, à la barbe des Anglais, deux espions allemands, Hans « John » Eppler et Hans Gerd Sandstede depuis le Gilf Kebir jusqu'au Caire. En 1942, il résida quelques temps dans une oasis à une cinquantaine de kilomètres au nord de Kharga. C'était un personnage fascinant dont la vie romanesque fut évoquée dans le film *Le Patient anglais*. Pour les besoins du scénario, Sir Robert Clayton est devenu Clifton mais Almásy a conservé son nom. Quant à l'histoire qui fait la trame du film, elle demeure toutefois très loin de la réalité. Almásy mourut le 22 mars 1951 de dysenterie à Salzbourg alors qu'il venait d'être nommé directeur du Musée du désert du Caire. Une inscription sur sa tombe rappelle qu'il fut pilote de voitures et d'avions, explorateur du Sahara et le découvreur de l'oasis Zerzura.

Patrick (Pat) Clayton

Inspecteur du Service topographique égyptien, il travailla dans le désert Libyque dès 1926; Patrick Clayton compte à son actif le sauvetage de trente-sept réfugiés arabes lors du bombardement de Koufra par les Italiens, en 1931, la découverte de peintures rupestres dans le Gilf Kebir et surtout la redécouverte, fin 1932, du verre libyque, connu depuis 1850, mais dont on avait depuis perdu la trace. Il fut aussi l'un des membres influents du Long Range Desert Group qui opéra dans ce désert au cours de la Seconde Guerre mondiale. Peu d'Européens connaissaient alors le désert Libyque mieux que lui. Il servira ainsi de navigateur à Almásy, lors de l'expédition de 1933, destinée à rechercher Zerzura. Clayton dirigea également l'expédition de Roundell dont le but était d'assister Dorothy Clayton, la veuve de Sir Robert Clayton East Clayton, et qui voulait poursuivre la quête que son mari avait entreprise en 1932 : celle de Zerzura...

Sir Robert Clayton East Clayton

Alors qu'Almásy survolait la Syrie avec son Gipsy Moth en compagnie du comte Ferdinand Zichy, en vue de se rendre en Égypte, son avion fut pris par une tornade qui les obligea à atterrir à Alep. L'avion dut être expédié en Angleterre pour réparation, ce qui compromettait singulièrement les missions qu'Almásy destinait à la recherche de Zerzura. Robert Clayton East Clayton, aristocrate anglais, né en 1908, alors jeune sportif et pilote, ayant appris cette mésaventure, lui rendit visite en Hongrie. Enthousiasmé par les projets d'Almásy, il mit à sa disposition la somme nécessaire pour acheter un nouvel appareil ; en échange, il récupérerait par la suite celui qui était en cours de réparation. C'est ainsi que Robert Clayton East Clayton fut associé à l'expédition de 1932.

Richard Bermann/Arnold Hoellriegel

Chroniqueur, écrivain, archéologue, cet Autrichien participa à l'expédition Almásy-Penderel de 1933. Il en fit le récit dans un ouvrage intitulé *Zerzura, die Oase der kleinen Vögel* qu'il publia sous le nom d'Arnold Hoellriegel. Fasciné par cette oasis, il avait, lui aussi, écrit dans un article intitulé «*Historic problems of the Libyan Desert*» : « Il y a au Gilf Kebir trois wadis verdoyants mais verdoyants après une forte pluie et quelquefois semble-t-il, complètement desséchés. Étaient-ils cette oasis Zerzura ? Le vieux Wilkinson le disait.»

Kádár

Ce géographe et géologue hongrois de l'université de Budapest participa, avec son ami Bermann, à l'expédition d'Almásy de 1933. Il devint, par la suite, président de la Société hongroise de géographie.

Hansjoachim von der Esch

Ingénieur allemand, compagnon du comte Almásy, on lui doit une édition allemande retravaillée d'*Unbekannte Sahara* d'Almásy et, surtout, son propre ouvrage *Weenak, die Karawane ruft*, publié en 1941. Il y relate l'une de ses explorations dans le désert Libyque, qui se prolongea jusqu'au Fayoum et le nord du Soudan. Il décrit, entre autres, de façon détaillée, toutes les tentatives effectuées pour retrouver les vestiges de l'armée de Cambyse II (Voir documents p. 103).

Haynes

L'article auquel nous nous référons date de 1989 et concerne l'oasis perdue et retrouvée d'Oyo au Soudan. Pourtant, Haynes évoque Zerzura avec la phrase suivante : « La légende de Zerzura a pris fin avec la découverte dans le Gilf Kebir, d'un wadi très vert. »

Les différentes expéditions destinées à rechercher les oasis perdues

Après l'analyse de tous les documents auxquels nous avons pu avoir accès, il semble que l'on puisse distinguer deux grands axes de recherche :

Recherche vers les sites légendaires ou indiqués par le Dr John Ball

Il y a tout d'abord les recherches basées sur les indications plus ou moins sommaires contenues dans les écrits arabes ou obtenues à partir du récit de Bédouins du pays. On distingue alors deux sites, l'un le plus souvent cité au sud-ouest de Dakhla, l'autre plus vers le nord, à quelque trois cent vingt kilomètres au sud de Siwa. Ces indications conduisent indubitablement à situer Zerzura dans la Grande Mer de Sable. Ces sites correspondent d'ailleurs aussi aux endroits que l'hydrogéologue Dr Ball considérait comme possibles à partir des études qu'il avait faites sur la profondeur de la nappe phréatique. Les expéditions consacrées à ces sites sont celles que nous venons de décrire. Elles eurent lieu avant 1930, à l'exception d'une seule, plus tardive, celle d'Orde Wingate qui, lui, croyait toujours à Zerzura comme une à oasis située au milieu de la Grande Mer de Sable.

Le Wadi Abd el Melik photographié d'avion en 1932 par László de Almásy.
Le pilote Hubert W.G.J Penderel de retour de reconnaissance.

Recherche de Zerzura dans les massifs rocheux

C'est avec Almásy que la recherche de Zerzura prend une nouvelle orientation. L'exploration des sites possibles tirés des légendes arabes ou des réflexions hydrogéologiques du Dr John Ball n'ayant rien donné, les photos aériennes n'ayant pas, non plus, permis de localiser une telle oasis, Almásy est persuadé que Zerzura est une « oasis de pluie », autrement dit qu'elle n'est verte qu'après les pluies. Mais, bien sûr, pour assurer une certaine pérennité, il faut qu'il y ait des arbres. On sait que les massifs rocheux « attirent » la pluie. C'est dans ce type de paysage que l'on recherchera dorénavant ce qui pourrait ressembler à Zerzura. Le Gilf Kebir, grand plateau gréseux situé au sud-ouest de l'Égypte, offre apparemment une configuration propice.

Une première expédition, part de Kharga, le 12 avril 1932, et se termine au même endroit le 8 mai. Elle est composée d'Almásy, de Penderel, de Pat A. Clayton et de Sir Robert A. Clayton East Clayton auquel nous devons le récit paru dans le journal *The Times* du 6 juillet 1932 et reproduit dans le livre de Peter Clayton *Desert explorer, a biography of P. A. Clayton*. De leur biplan Gipsy Moth, baptisé *Rupert*, Penderel et Sir Robert Clayton survolent la partie ouest du Gilf Kebir le 27 avril, et aperçoivent un wadi peuplé d'arbres de plus en plus nombreux au fur et mesure qu'ils volent vers le nord. Ce wadi fait bien de trente à quarante kilomètres de long, mais la mauvaise visibilité ne permet pas d'en voir la fin. Dès leur atterrissage, ils rapportent leur découverte à Pat Clayton qui a une grande connaissance de la région. Tous tombent d'accord : cette vallée pourrait bien être une Zerzura potentielle. Le 30 avril, Penderel et Pat Clayton escaladent la falaise pour reconnaître à pied ce wadi. Ils découvrent une piste arabe très ancienne, marquée de cairns. Mais la déception est grande : le wadi ne semble pas correspondre à celui que Penderel a vu d'avion.

Pendant le vol et cette journée d'escalade, Almásy est à Koufra ; il est parti le 27 avril avec Abu Fudeil, Hasan Id et Manufli[28] pour demander de l'eau aux Italiens. Il rencontre le cheikh Gaza auquel il apprend que tous les réfugiés qui ont quitté Koufra en 1931 sous l'attaque des Italiens ne sont pas morts. Il aura, de ce fait, beaucoup de succès auprès des indigènes. Mais la rencontre avec le cheikh autour d'une tasse de café atteint son apogée lorsque Almásy lui annonce que son chauffeur, Abu Fudeil, a épousé l'une des réfugiées de Koufra, la fille du cheikh Omar Muftah. Alors, c'est vraiment la fête avec les indigènes. Les Italiens aussi se sentent soulagés par ces bonnes nouvelles. Ils donnent à Almásy des œufs, des légumes pour la soupe, des poulets vivants et, surtout, une douzaine de bouteilles de Chianti.

De retour de Koufra au camp, le 1er mai – camp qui s'appellera désormais le Chianti camp[29] – Almásy n'aura de cesse de faire lui aussi un vol de reconnaissance avec Penderel.

Ce jour-là, le vent s'est levé et le décollage sera difficile. Comme l'écrit Almásy :

« Alors que je me demandais si nous n'allions pas nous fracasser sur la paroi des falaises, un coup de vent contraire nous souleva au-dessus du plateau : il est étonnement plat et ressemble à un immense gâteau brun en chocolat. Le vent, irrégulier, nous plaque vers le sol puis de nouveau nous soulève et au bout de neuf minutes de vol en suivant le cap de 12° et guidés aussi par un vol d'hirondelles, nous retrouvons ce wadi ; formé au sud par le confluent de deux branches, le wadi s'étire vers le nord en grands méandres réguliers. Ses parois, très raides, sont des deux côtés interrompues par de petits wadis latéraux. Il est indubitable que nous avons à faire au lit d'un fleuve qui devait drainer toute l'eau descendue du plateau. À dix kilomètres au nord du confluent apparaissent les premiers arbres, des acacias Talh (*Acacia tortilis*) et Sayal (*Acacia spirocarpa*).

Almásy et Penderel en découvrent des centaines, au milieu des buissons de Salam (*Acacia ehrenbergiana*) et d'herbes. Ils aperçoivent, à l'est, un autre wadi parallèle mais le vent est trop fort et ils ne veulent pas quitter leur vallée ; ils aperçoivent aussi une hutte de paille telle que celles utilisées par les Tébous dans l'Ouenat. Au nord, la vallée s'incurve vers le nord-ouest et quitte le Gilf par un grand delta enserré au milieu de montagnes assez élevées.

À peine atterris, Sir Clayton et Patrick Clayton repartent à 18 h pour un troisième vol qui confirme les découvertes.

L'expédition de 1932 est terminée. Il fait trop chaud dans le désert et les explorateurs rentrent en Europe. Almásy va rendre visite au prince Kemal el Dine, amputé d'une jambe à la suite d'un accident survenu au cours d'une expédition antérieure, et lui fait part de ses récentes découvertes. Kemal el Dine, qui connaît bien l'ouvrage de Wilkinson, lui dit :

« Si vous avez la chance de découvrir les deux wadis voisins, je serai alors le premier à pouvoir vous féliciter pour avoir résolu l'énigme de Zerzura. Mais si ce n'est pas le cas, il faudra vous contenter d'avoir pu ajouter une nouvelle vallée sur la carte du Gilf Kebir. »

Mais l'été 1932 sera marqué par deux drames : le prince Kemal el Dine décède d'une gangrène, en août 1932, peu après la visite d'Almásy. Un mois plus tard, Sir Clayon East Clayton, piqué par un insecte au cours de sa dernière expédition, succombe à son tour, d'une façon imprévisible. De là à penser qu'une malédiction tourne autour des chercheurs de Zerzura !

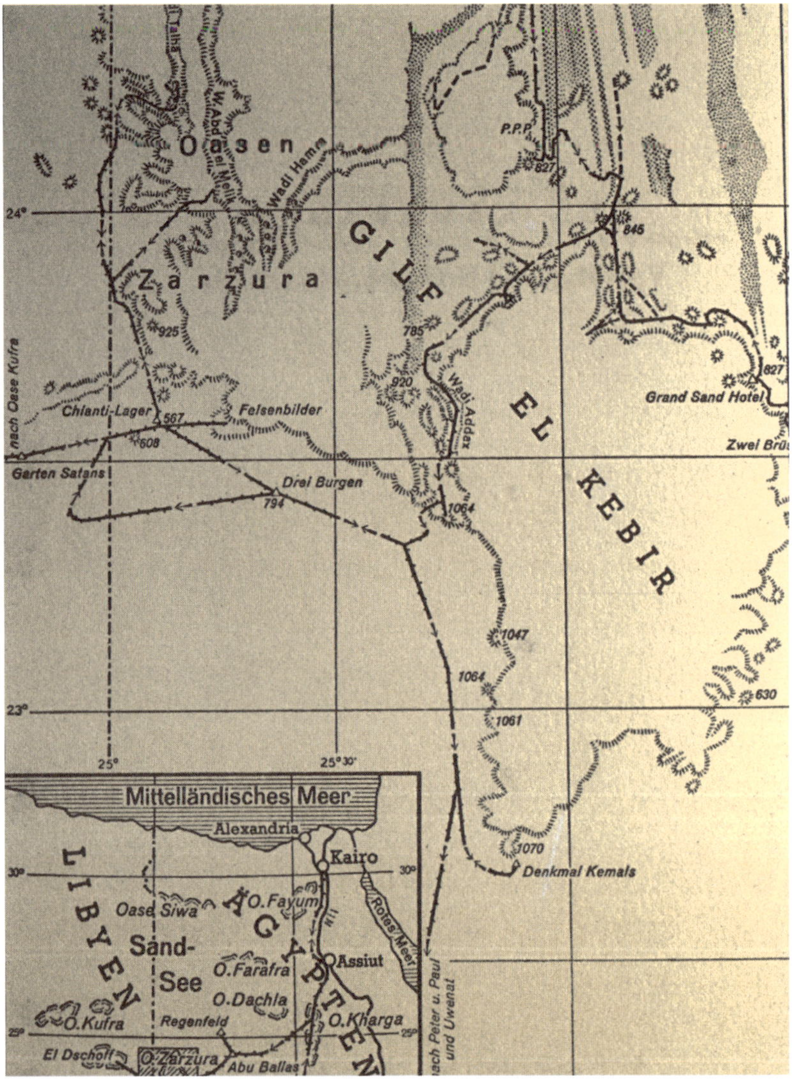

Carte du Gilf El Kébir, extraite de Arnold Hoellriegel, Zarzura, die Oase der Kleinen Vögel. On y distingue les trois wadis dans la région appelée «Oasen Zerzura»

Malgré la rumeur, les explorateurs ne se découragent pas pour autant et préparent déjà la campagne de 1933. Trois expéditions verront le jour, cette année-là, dont deux se déroulèrent presque simultanément : l'expédition Roundell–Lady Clayton–Pat Clayton et l'expédition Almásy.

La première, baptisée « expédition Zerzura 3 » par Peter Clayton devait permettre à Lady Dorothy Clayton, veuve depuis le décès, le 1er septembre 1932, de Sir Robert Clayton, de poursuivre la quête de son mari à la recherche de Zerzura. Avec le commandant Roundell, elle rejoint l'équipe de Pat Clayton : c'est une expédition lourde qui se met en marche avec quatre véhicules Ford appartenant à l'équipe de Patrick Clayton et deux appartenant à Lady Clayton. Cette expédition, qui devait plutôt explorer la partie orientale du Gilf Kebir, découvre ainsi le wadi Hamra. Lady Dorothy Clayton en rédige un article pour le journal *The Times,* article qui paraît le 16 septembre 1933. Or, la veille, lady Clayton meurt d'un accident survenu à proximité de sa propriété de Brookklands[30], en Angleterre. À nouveau, la rumeur invoque la « malédiction de Zerzura ».

La deuxième expédition, baptisée « expédition Zerzura 4 » par Peter Clayton, est mise sur pied par Almásy non sans difficultés à cause du décès de Sir Robert Clayton et de celui du prince Kemal el Dine, qui devaient en faire partie. Cette fois, font partie de l'équipe, l'écrivain et chroniqueur le Dr Richard Bermann qui apporte un soutien financier, le chef d'escadron Hubert S. Penderel (aujourd'hui wing-commander), le géographe Dr László Kádár et le photographe Hans Casparius que, pour diverses raisons, Almásy ne mentionne pas dans ses récits. Ils partent le 14 mars avec quatre véhicules légers pour explorer la partie ouest du Gilf Kebir. Bermann nous donne quelques détails sur la manière dont l'équipe était constituée :

László de Almásy, accompagné de László Kádár, était dans la voiture de tête dénommée Jemkin, ce qui veut dire « peut-être ». Suivait Ma alesch (« cela ne fait rien »), la voiture conduite par Mohammed Sabr qu'accompagnait Richard Bermann alias Arnold Hoellriegel; Abdu Mussa et Mahmud Abdallah occupaient Inch'Allah (« selon la volonté d'Allah ») et Hubert S. Penderel, accompagné de Hans Casparius, fermait la caravane avec Lissa (« pas encore »).

Au cours de cette expédition, Almásy se rend pour la deuxième fois à Koufra, pour faire le plein d'eau. Il veut essayer d'obtenir des informations des Zwayas sur les « oasis de pluie », ces Regenoase sur lesquelles il n'avait pu recueillir de renseignements au cours de son premier voyage. Nous sommes alors au printemps 1933. Là, il rencontre un Tébou de la tribu des Zwayas, dont il ne donne pas le nom. Ce Tébou lui dit, avec un regard condescendant, qu'il sait très bien d'où vient le nom d'Abd el Melik et il lui donne de précieuses indications à ce sujet. Almásy apprend aussi que l'homme qui aurait donné le nom au wadi Abd el Melik, était encore à Koufra, en 1931, où il habitait dans l'oasis de Zurkq. Mais le bruit court parmi les gens de sa tribu, les Zwayas, qu'Abd el Melik a été tué par les Italiens lors du combat de Hauari; il ne paraît alors pas impossible à Almásy que cet individu se soit sauvé en Égypte et qu'il ait trouvé refuge dans une colonie de Sénoussis.

Grâce aux rencontres faites à Koufra avec ces Tébous et ces Zwayas et, surtout, grâces aux entretiens qu'il a eus avec le vieux Tébou, très noir de peau, Almásy a appris qu'à quatre jours à l'est de Koufra, doivent se trouver deux garas, gara Talh (le nom tébou de l'*acacia tortilis*) et gara Abd el Melik d'après lesquels ont été nommé les wadis qu'elles dominent.

Fort de ces hypothèses, l'équipe part du Chianti camp et longe la falaise occidentale du Gilf. Entre deux promontoires qui se détachent à l'ouest du Gilf, ils découvrent une piste chamelière qui, venant de l'ouest, c'est-à-dire de Koufra, se prolonge à l'est jusqu'à une dune descendant du sommet du plateau et au pied de laquelle se trouvent des excréments de chameaux, des débris de poteries, de corbeilles en vannerie et, surtout, le cadavre d'une vache, vieux d'environ cinq à six ans et à moitié recouvert de sable. Très près de là, un chemin manifestement construit par la main de l'homme permet d'escalader la falaise pour aboutir au plateau au bord duquel une piste, marquée par des pierres dressées, offre la possibilité d'aller soit vers le nord, soit vers le sud-est. Almásy et ses compagnons se rappellent alors qu'en allant dans cette dernière direction, ils peuvent atteindre le wadi Abd el Melik qui se trouve environ dix kilomètres plus loin, mais ils préfèrent marcher vers le nord pour trouver, selon les dires du Tébou, le wadi Talh. Dès le lendemain matin, ils se mettent en route. La journée est extrêmement chaude et ils ne sont pas au bout de leur peine. Leur chemin s'arrête en effet au bout de quinze kilomètres, au bord d'une gorge très raide qui, vers l'est, doit sans doute rejoindre le wadi Abd el Melik. Ils ne trouvèrent donc pas le wadi Talh.

Le lendemain, pour diverses raisons, et en particulier à cause de la faible réserve en eau, l'équipe se divise : Penderel et Kádár roulent vers le sud pour continuer la cartographie du Gilf Kebir à l'est du col d'Aqaba. Quant à Bermann et Almásy, ils continuent, en voiture, la recherche du wadi Talh.

Partant vers le nord, ils contournent le Gilf Kebir pour pénétrer dans le wadi Abd el Melik et essayer d'en retrouver les sources, maintenant pratiquement taries. Ils découvrent des traces de mouflons – récentes car elles traversent les traces de la voiture de Pat Clayton – et de la végétation qui s'étend

Le Tébou Ibrahim, qui donna de si précieuses informations à Almásy

sur vingt-quatre kilomètres de long et deux cents mètres de large. Près de la sortie du wadi, Almásy trouve au pied d'une paroi raide la même espèce d'acacia qu'Hassanein Bey avait trouvé dans l'Arkenu (il s'agit de *l'Acacia tortilis ssp. raddiana*).

Au matin du 5 mai 1933, pratiquement un an après avoir découvert du haut de leur avion le wadi Abd el Melik, Almásy remonte sur le plateau avec un Soudanais, retrouve le sentier qu'il avait suivi sur quinze kilomètres quelques jours auparavant et explore les environs jusqu'au moment où ils dominent une vallée de un kilomètre et demi à deux kilomètres de large – soit beaucoup plus large que le wadi Abd el Melik – peuplée d'innombrables arbres très verts. Ces *Acacias tortilis* s'étendent sur quatre kilomètres. Le wadi Talh était enfin découvert! Almásy est même surpris par l'envol d'un petit oiseau. S'agissait-il d'un Zarzur ?

L'expédition touche à sa fin et, sur le chemin du retour, le groupe s'arrête à Aïn Doua, une source dans l'Ouenat, massif granitique au sud-ouest du Gilf Kebir, où campe une équipe topographique italienne. Almásy a l'agréable surprise de constater que le khabir[31] que les Italiens ont embauché n'est autre que le vieux Tébou – il s'appelle Ibrahim – qui lui avait donné, à Koufra, de si précieuses informations. Il lui fait le récit de son voyage et Ibrahim paraît particulièrement excité qu'Almásy ait pu découvrir le cadavre d'une vache. Ceci le concerne en effet, directement : en conduisant dans les vallées du Gilf un troupeau de quarante chameaux et de dix-huit vaches, l'une d'elles s'était fait mal à la patte et n'avait pas pu continuer sa route. Ibrahim aurait voulu que son patron entende le récit d'Almásy car il ne l'avait jamais cru et prétendait que, suite à une imprudence d'Ibrahim, la vache avait fait une chute au fond de la gorge.

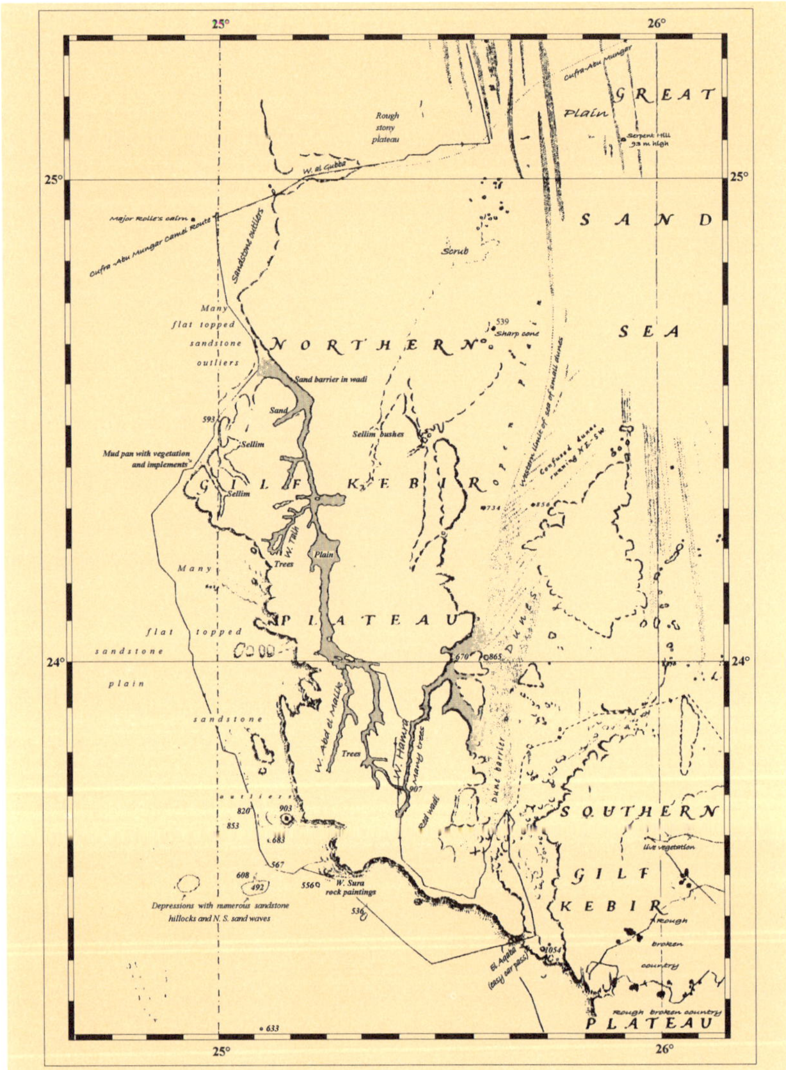

Carte du Gilf Kebir publiée par Ralph Bagnold en 1939.
Elle montre les trois wadis dont l'un était peut-être Zerzura

La troisième expédition de 1933, elle, commence en octobre. C'est aussi, pour Almásy, sa troisième expédition dans la partie ouest du Gilf Kebir. Elle comprend le professeur Leo Frobenius de l'université de Francfort sur le Main, le Dr H. Rhotert et l'artiste peintre Mademoiselle Pauli.

L'expédition débute par la visite de Aïn Doua au versant sud de l'Ouenat, puis Almásy photographie les grottes du Karkur Talh ; le groupe fait un voyage rapide à Koufra pour chercher de l'eau, revient au wadi Sura où Almásy montre à ses compagnons les peintures trouvées par Pat Clayton en 1932, et retrouvées par lui, début 1933, dans un abri qui contient de nombreuses peintures de personnages et, en particulier, de nageurs. En parcourant la région, Almásy découvre alors, trois kilomètres et demi plus au nord, quatre nouvelles grottes avec de nombreuses peintures.

Le 21 mars 1934, Almásy se rend pour la quatrième fois dans la partie ouest du Gilf Kebir. Cete fois, il veut parcourir à pied le wadi Talh, cartographier et arpenter les trois wadis du Gilf.

Avant de pénétrer dans ce massif, Almásy divise, comme en 1933, les hommes qui l'accompagnent en deux équipes : l'une doit explorer le sud-ouest du Gilf et comprend l'ingénieur allemand Hansjoachim von der Esch et Mahmud, l'ancien cuisinier de Kemal el Dine. Comme cette équipe décide d'explorer la région du Gebel el Biban, « la montagne des portes », qui se trouve en Libye, von der Esch s'adjoint un officier italien, le Capitaine Parola. Quant à l'autre équipe, elle comprend, avec Almásy, Heller, un alpiniste suisse, Hasan Sobchi, correspondant d'un journal arabe, Sabir Mohammed, fidèle chauffeur soudanais d'Almásy, et Selim, l'aide-cuisinier qu'il fallait éviter de mettre en présence de boissons alcoolisées !

L'équipe d'Almásy commence par explorer le wadi Hamra que Pat Clayton avait déjà en grande partie cartographié, puis elle travaille pendant quelques jours sur les deux branches sud, c'est-à-dire les branches amont du wadi Abd el Melik. L'équipe remonte jusqu'à leurs sources, mais le résultat de l'exploration est décevant : aucun vestige d'une quelconque occupation préhistorique n'est retrouvé...

Le moment est venu de continuer l'exploration à partir du sommet du plateau. Almásy a l'intention de se faire déposer à un certain point d'une branche latérale du wadi Abd el Melik avec Heller et Hasan Sobchi. Il s'y rend avec son chauffeur pour lui montrer l'endroit où celui-ci devra, par la suite, venir les chercher. Le reporter Sobchi ne se sent pas en grande forme. Almásy se fait donc déposer à l'aube à l'endroit convenu, accompagné uniquement de l'alpiniste suisse Heller. Celui-ci cherche un endroit par où escalader la falaise pour atteindre le plateau. Une fois en haut, il aide Almásy à le rejoindre en l'assurant par une corde. Le vent du sud a beau souffler assez fort, les deux hommes travaillent d'arrache-pied. Ils cartographient et édifient des cairns dans des conditions plutôt difficiles. Peu avant midi, ils arrivent à un point qui surplombe la vallée latérale. C'est là qu'ils ont rendez-vous avec le chauffeur. Il ne reste plus qu'à redescendre la falaise. Heller trouve assez facilement une paroi où la descente est possible. Il est deux heures de l'après-midi lorsque nos deux explorateurs arrivent sains et saufs sur le sable de cette vallée latérale du wadi Abd el Melik. Encore quelques kilomètres de marche, et les voici au point de rencontre convenu avec le chauffeur. Mais une mauvaise surprise les attend et elle est de taille : il n'y a personne au rendez-vous. Almásy et Heller sont très contrariés. Au cours de leur descente, ils ont épuisé leurs dernières réserves en eau, la faim les tenaille et ils aspirent au repas de midi resté dans le véhicule. Almásy s'inquiète : Sabir a-t-il eu un accident? Si tel est le cas, Sobchi, ne les voyant pas rentrer, aura certainement eu l'idée de venir les chercher avec la deuxième voiture. Almásy et Heller laissent sur place tout bagage inutile et se mettent à marcher pour rejoindre la vallée principale. Ils s'arrêtent, de temps en temps, pour récupérer, mais les premiers signes d'épuisement apparaissent chez Heller dès six heures du soir : le bout de la langue pointe entre ses lèvres et commence déjà à noircir; il n'arrive plus à parler et écrit sur le sable « soif ». Il est maintenant sept heures du soir. Il fait encore très chaud, si chaud que les deux explorateurs abandonnent leurs vêtements, ne gardant que le strict minimum ; la nuit tombe. Ils se traînent péniblement. Heller, qui n'en peut plus, écrit sur le sable : « wadi Hamra ». Et s'ils s'étaient trompés de vallée ? Et si les quadruples traces de roues qu'ils apercevaient étaient les leurs, faites une semaine plus tôt ? C'est le cauchemar. Car, dans ce cas, cela signifie qu'ils se sont perdus et que personne ne pourra les retrouver rapidement. En effet, de leur campement actuel, il faudrait faire un détour de trois cent kilomètres pour les rejoindre, puisque la vallée est barrée par une dune. Almásy se refuse à croire à une telle hypothèse. L'instinct de vie est le plus fort. Ils ne sont pas dans le wadi Hamra. Fort de cette conviction, il oblige Heller à reprendre la marche. Mais lorsque Heller s'effondre, Almásy doit se rendre à l'évidence. Son compagnon n'ira pas plus loin. Ils n'ont pas bu depuis onze heures et la mort peut intervenir à tout moment, souvent après huit heures de sevrage. Pour Almásy, c'est le drame. Il se sent responsable de cette tragique situation. Grande est sa souffrance physique et morale. Et pourtant, il sait bien qu'il ne peut rien faire pour son compagnon, sinon continuer lui-même sa route et espérer trouver rapidement du secours.

Chancelant, Almásy repart seul. Il fait nuit noire lorsqu'il aperçoit les phares d'un véhicule. Aussitôt, il fait du feu avec les branches d'un buisson. Mais le véhicule tourne. Son cœur cesse de battre. Ne l'aurait-il pas vu ? Son inquiétude n'est pourtant pas longue. Cette fois, le véhicule vient vers lui. Il sait qu'il est sauvé !

Lorsque Sabir et Selim volent à son secours, Almásy n'a qu'une idée en tête : boire, boire jusqu'à plus soif. Mais les deux Arabes savent que donner à boire à un homme dans cet état est mortel : la langue et la gorge gonflent et il meurt étouffé. Alors ils l'aspergent d'eau, lui font des compresses humides et, surtout, l'empêchent de se débattre et d'avaler quoi que ce soit. Almásy finit par comprendre. Il se calme et pense aussitôt à Heller qu'il a dû abandonner. Il explique à Sabir et Selim la situation. À quelques kilomètres de là, Heller est encore plus mal en point que lui. Il faut aller le chercher tout de suite. Les deux chauffeurs ne se font pas prier. Heller est déjà dans le coma, mais il reste un espoir. Sabir et Selim lui appliquent le même traitement qu'à Almásy. Heller reprend enfin connaissance. Une demi-heure plus tard, les deux explorateurs ont droit à quelques gorgées d'eau : ils sont sauvés!

À l'heure des explications, Almásy déclare qu'il a oublié d'avertir Sabir qu'il existait d'autres traces. De son côté, Sabir n'a pas pensé à vérifier les distances parcourues au compteur de son véhicule. Vers quatre heures de l'après-midi, très inquiets de ne pas avoir trouvé leurs chefs, lui et Selim ont escaladé la falaise pour les chercher sur le plateau, et, ne les trouvant pas, ils sont redescendus de nuit, à la lueur de la lune. Très inquiets, ils ont décidé de retourner au camp et sur le trajet en sens inverse, ils ont découvert les traces des pas chancelants des deux explorateurs, signes évidents que la situation était grave. C'est le feu de broussailles qui leur a ensuite permis de localiser Almásy.

Le drame avait bien été évité de justesse !

Mais revenons à Zerzura.

Avec le wadi Abd el Melik découvert en 1932, les wadi Hamra et Talh découverts en 1933 et parcourus en 1934, on connaît donc maintenant trois wadis. S'agit-il des trois wadis ou oasis dont les Bédouins de Dakhla avaient parlé à Wilkinson?

Almásy lui-même se pose beaucoup de questions à ce sujet :

« Il y a trois ans que j'ai écrit le récit des recherches que j'avais entreprises pour découvrir Zerzura », écrit-il avant de poursuivre : « J'avais laissé le manuscrit à la Société royale de géographie, mais je n'étais aucunement impatient de le voir publié, car j'avais le vague sentiment qu'il y manquait quelque chose. »

Il restait en effet un dernier problème à résoudre : l'un d'entre eux pouvait-il être la légendaire « Zerzura »? Pour répondre à cette question, il fallait retrouver Ibrahim.

En janvier 1935, Almásy prépare une expédition géodésique dans le sud-est du désert Libyque, en collaboration avec von der Esch. Au cours des nombreuses discussions qu'il a à Kharga avec d'anciens réfugiés, il apprend qu'Abd el Melik, est toujours vivant et qu'il se trouvait, il y a quelques mois encore, au Fayoum avec son troupeau de chameaux.

Mais écoutons Almásy nous raconter cette quête dans son ouvrage de 1936, *Récentes explorations dans le désert Libyque* :

« Deux de mes amis, qui préparaient une excursion dans cette province, acceptèrent d'y faire une enquête sur les randonnées d'Abd el Melik. Ils revinrent en me disant que leurs chameliers avaient confirmé les bruits concernant le vieux réfugié de Koufra, mais ils n'avaient pas pu

Le guide Abd el Melik de la tribu des Zwayas

découvrir l'homme. Je m'adressai alors aux autorités, mais ma correspondance avec les fonctionnaires du Fayoum me fit seulement savoir, une fois de plus, que l'homme était venu là, mais qu'on ne pouvait le trouver maintenant.

En janvier 1936, je repris mes recherches, mais malgré l'aide amicale que me fournirent quelques amis de l'administration des frontières, on ne put découvrir la moindre trace de mon homme. À Pâques, je fis une excursion à travers les oasis égyptiennes, en vue de reprendre contact avec mes vieux amis de Koufra, et c'est alors que mes efforts furent enfin couronnés de succès. Un des réfugiés de Koufra déclara qu'il connaissait bien le vieux Abd el Melik et qu'il me l'amènerait où je voudrais. De fait, quelques jours plus tard, le vieux Bédouin se trouvait chez moi, au Caire (très exactement à Héliopolis).

Quand je fus enfin en présence du vieux nomade, dont les renseignements avaient pour moi tant de signification, je fus frappé par son intelligence extraordinaire et sa mémoire parfaite. Il commença par s'excuser, disant que s'il avait su que "Abou Ramla", le Père des Sables, surnom que les gens de Koufra m'avaient donné, le cherchait, il serait venu me trouver depuis longtemps ; mais comme il avait seulement entendu dire que "quelqu'un" voulait le voir, il avait jugé plus sage de rester insaisissable dans son exil.

Abd el Melik peut avoir de 70 à 75 ans ; il appartient à la tribu Zueia et il habitait l'oasis de Zurk, à Koufra. Il a été pauvre toute sa vie et jamais il n'a possédé de la terre ou des palmiers ; il n'a jamais fait que voyager, en quête de pâturages pour les chameaux de gens plus riches, ou comme guide de caravanes.

Il parcourut une douzaine de fois, dans les deux sens, les routes les plus difficiles et les plus dangereuses du désert : Koufra–Abu Mungar et Koufra–Siwa ; il a accompagné les Sénoussis à Goru, dans le Wadaï, et visité le Darfur septentrional, le Tibesti et l'Ouenat. Six mois avant l'occupation italienne de Koufra, il est venu à Siwa, et depuis lors, il vit dans les oasis égyptiennes et dans le Fayoum. Sa santé m'a paru parfaite, et il m'a étonné par sa capacité, absolument extraordinaire chez les Arabes de son espèce, à identifier sur photographie les gens et les lieux qu'il connaît. Au cours de nos discussions, il dessina même au crayon, sur une grande feuille de papier, une carte qui était étonnante de précision, aussi bien pour l'échelle que pour l'orientation.
Ce qui suit est un compte rendu presque littéral du récit, concernant le wadi Abd el Melik, qu'il a fait à un de mes amis égyptiens ; celui-ci fort aimablement l'a recueilli aussitôt en arabe. Je dois insister sur le fait que j'ai évité soigneusement d'influencer le vieillard et que nous n'avons cité aucun nom de lieu, ni posé de question, jusqu'à ce que fût écrite toute l'histoire. »

« Voici ce que moi, Abd el Melik, ai à dire, au sujet des vallées que j'ai découvertes :
L'oasis de Koufra n'a pas toujours appartenu aux Arabes. Il y a longtemps, elle était la terre des Tébous qui, depuis des siècles, possédaient tous les lieux du désert. Quand les Arabes et les Sénoussis arrivèrent à Koufra, les Tébous abandonnèrent l'oasis et se réfugièrent dans les montagnes du Tibesti qui se trouvent à quinze jours de chameau vers le sud.
Plus tard, quand les Sénoussis commencèrent à bâtir des maisons à

Koufra, les Tébous revinrent un à un et vécurent parmi les Arabes, mais ils possédaient encore certains endroits ignorés de ceux-ci.

C'est par des Tébous que les Arabes apprirent l'existence de pâturages à Ouenat, ainsi que de palmeraies à Merga. Ces Tébous connaissaient encore d'autres vallées avec de bons pâturages, comme Zerzura, mais aucun Arabe ne connaissait cet endroit. Nous entendîmes dire seulement qu'il y avait une vallée avec une oasis nommée Zerzura, vallée qui se trouvait au sud de Siwa, à l'est de Koufra, au nord d'Ouenat et à l'ouest de Dakhla. Nous entendîmes dire aussi qu'un jour, des gens qui s'étaient perdus dans le désert avaient trouvé Zerzura, et qu'ils y avaient vu des palmiers et des sources.

Les Sénoussis envoyèrent des gens rechercher tous ces lieux et un certain Mohamed Lefeitah fut chargé de découvrir Zerzura, mais il revint à Koufra sans l'avoir trouvée[32].

Il y a de longues années, il arriva qu'un jour, Sayed ldris el Senussi eut grand besoin de chameaux pour transporter des olives de Siwa à Zawiet el Taj, mais il n'y avait pas de chameaux à Koufra. Un Tébou nommé Musa Eid Sigenar vint trouver Sayed ldris et, demandant la permission de parler, lui dit :

"Seigneur, si tu me donnes ta parole que tu me protégeras et que je serai sauf, je te dirai l'endroit où tu peux trouver les chameaux des Tébous. C'est une vallée connue depuis longtemps par les Tébous, où ceux-ci gardent leurs chameaux en fermant l'entrée septentrionale par des pierres et des buissons épineux. Les Tébous ont juré entre eux de ne dire à personne et en particulier aux Sénoussis l'existence de cette vallée ; mais j'ai subi leurs mauvais traitements et comme tu as besoin de chameaux, je te livre

Membres de l'expédition organisée par Ralph Bagnold en 1932

leur secret : la vallée se trouve à quatre jours de chameau de Koufra dans la direction de la Kibla (sud-est), à l'intérieur d'une haute montagne."

Au coucher du soleil, on me prévint d'avoir à prendre les ordres du Sayed; quand j'arrivai en sa présence, il me dit d'aller chercher les chameaux cachés dans cette vallée secrète.

Ainsi, je me préparai au voyage avec un certain Ragab el Marifi, de la tribu des Abu Mukhtar, du gebel Akhdar, et nous allâmes à Boema, à l'est d'El Taj, afin de n'en partir qu'à la nuit, pour n'être vus de personne.

Nous laissâmes les "garets" [monticules] qui se trouvent à l'est de Boema, et nous traversâmes à chameau une vaste plaine, dans la direction de deux montagnes qui sont appelées Jhedian el Khadem. Ces collines se trouvent par rapport à Koufra dans la direction de la Kibla, c'est-à-dire des prières, et donc, non pas vers le soleil levant, mais quelque peu au sud-est.

Après quatre jours de course en droite ligne dans cette direction, nous arrivâmes à la haute montagne rocheuse, à l'intérieur de laquelle la vallée devait être cachée. Nous trouvâmes des arbres Talh au pied de la montagne, et de cet endroit, nous commençâmes l'ascension, non sans grosses difficultés. Quand enfin, nous fûmes au sommet, nous nous trouvâmes sur un plateau uni, qui s'étendait à l'est, au nord et au sud, à perte de vue.

Une piste menant au nord et au sud était marquée par des "alamat" [repères]; plusieurs pistes parallèles en partaient, qui se dirigeaient vers l'est. Nous en suivîmes une, car dans cette direction nous sentions l'odeur de l'herbe et des chameaux : c'est que nous autres, Arabes, avons un odorat très développé, car, dans le désert, les seules odeurs qui existent proviennent des oasis.

Plus tard, j'ai appris de quelques Tébous que la piste menant vers le nord conduit aussi à une vallée où se trouve une source ; mais je n'y ai jamais été [C'est le wadi Talh, ajoute Almásy].

Au bout d'un certain temps, nous arrivâmes à une vallée large qui s'étendait à nos pieds, et qui était pleine d'arbres verts. Nous descendîmes près de quelques arbres, à un endroit où la vallée se divisait en deux branches, dont l'une allait vers le sud et l'autre vers l'est. Nous découvrîmes là des traces fraîches de chameaux et d'hommes.

Peu de temps après, un chameau mâle vint sur nous au grand trot comme enragé, essayant de nous mordre, ainsi que nos chameaux. Mon compagnon effrayé mit en joue la bête furieuse ; mais je l'ai empêché de tirer et, prenant une corde, j'avançai doucement, en parlant au chameau. Je réussis à l'attraper, et nous l'amenâmes à nos deux montures qui le mordirent, le frappèrent à coups de pied, le jetèrent au sol cependant que mon compagnon et moi lui administrions une dure volée de coups de bâton. Enfin, lui ayant lié les pattes et l'ayant muselé, nous nous assîmes pour prendre notre repas du soir.

Pendant que nous mangions, un autre chameau tébou vint vers nous ; nous pûmes l'entraver sans difficulté, car c'était une femelle. Tout près, nous trouvâmes deux selles de chameau, appelées basur, qui étaient suspendues à un arbre. Après notre repas, nous sellâmes donc les deux chameaux tébous, et guidés par ces animaux, nous nous engageâmes vers l'est, dans la vallée.

Le lendemain, nous remontâmes la vallée jusqu'à son extrémité. Il s'y trouvait beaucoup d'arbres Talh[33] et Selim et nous trouvâmes aussi à notre droite deux arbres Heglig ; le sol de la vallée était couvert d'une herbe verte magnifiquement haute. Des chamelles y paissaient; toutes, elles suivirent le mâle que je conduisais, en sorte que j'eus bientôt vingt-sept chameaux.

Enfin nous arrivâmes à l'extrémité du wadi, et là, sur la rive gauche, en remontant, nous découvrîmes, au pied d'un mur de rochers, une source pleine d'eau excellente. Une grande planche, taillée à la hache, se trouvait disposée au-dessus, pour permettre aux gens de se tenir en tirant de l'eau.

Tout à coup je vis quelques Tébous qui, du haut des rochers, nous observaient; je tirai en l'air, avec mon abu setta[34]; ils s'enfuirent rapidement, en criant et hurlant. Alors, ayant rassemblé nos chameaux, nous redescendîmes la vallée, jusqu'à notre premier arrêt.

Le lendemain, nous suivîmes la grande vallée vers le nord, et nous trouvâmes un bon chemin et une sortie facile dans la plaine, d'où nous repartîmes vers l'ouest, pour retourner à Koufra. Nous avions rempli d'herbe quatre grands sacs, pour les montrer au Sayed; nos ghirbas[35] étaient pleines d'eau douce de la source. Nous marchâmes jour et nuit, aussi vite que possible afin que les chameaux tébous ne pussent "se souvenir" de retourner à la vallée.

Nous atteignîmes Koufra en trois jours et demi seulement, et à El Taj, nous livrâmes les chameaux au Sayed. Quand j'eus raconté notre voyage au Sénoussi, et quand je lui eus dit que j'avais trouvé le wadi Zerzura, il me fit un présent de Medjidieh[36].

Mais les Tébous nous avaient suivis, et ils vinrent trouver Sayed Idris, criant et se lamentant comme des femmes. Le Sayed leur dit qu'il ne voulait les chameaux que pour transporter des olives de Siwa, et il leur offrit beaucoup de Medjidiehs pour la location des animaux. Mais les Tébous refusèrent même de louer leurs bêtes, de sorte que le Sayed leur dit que, s'ils persistaient dans leur mauvaise volonté, il leur déclarerait haram [interdites] les vallées de la haute montagne, comme appartenant à la Zawia el Senussi; et montagnes et vallées porteraient à partir de ce jour, le nom de Gebel el wadi Abd el Melik. Les Tébous préférèrent reprendre leurs chameaux et ils ne retournèrent jamais à ces vallées. Et c'est ainsi que je découvris cet endroit secret pour les Sénoussis et que mon nom lui fut donné.

Pendant les années qui suivirent, je suis retourné plusieurs fois à mes vallées. J'y amenai d'abord les chameaux de Hamid Bu Heleiga, puis ceux de Mohamed Bu Matari et de Mohamed Bu Fennah. Trois ou quatre ans avant l'arrivée des Italiens à Koufra, j'y conduisis les chameaux de Sayed Gajjar, pour les y faire paître; ce fut la dernière fois que je revis mes vallées. Chaque fois, j'y restais trois ou quatre semaines, conduisant les chameaux dans la vallée orientale que je fermais par des pierres et des branches d'arbres Talh. Lors de ces voyages, je ne faisais pas l'ascension de la montagne pour atteindre la vallée, mais j'amenais les chameaux par la "porte" septentrionale.

Le wadi Abd el Melik a deux branches; en venant de la porte et en marchant vers le sud pendant un jour, on ne rencontre d'abord que peu d'arbres Talh; mais en arrivant à une petite gara [monticule], qui se dresse au milieu du wadi, on trouve deux branches dont l'une court droit au sud, tandis que l'autre se dirige vers l'est et le sud. La branche de droite est très longue, on y voit beaucoup d'arbres Talh, mais l'herbe y est maigre et il n'y a d'eau qu'après les pluies.

La branche de gauche est plus courte, mais elle est couverte d'une herbe excellente. La source jaillit vers l'extrémité supérieure du wadi, sur le bord gauche en remontant la vallée, pas très loin après qu'on ait dépassé les arbres Heglig de la rive droite. L'eau en est bonne et abondante, et je crois qu'il y en a toujours comme dans les sources du massif de l'Ouenat.

J'ai fait l'ascension de la montagne à l'est de la source, et j'ai constaté que le sommet en est plat, avec quelques dunes de sable rouge. Très loin vers l'est, j'ai pu voir une petite montagne s'élevant au-dessus de cette plaine, mais je n'y suis pas allé. Par places, il y a des arbres au sommet de la montagne ; en certains endroits aussi l'eau s'accumule en petits lacs, après les pluies.

On trouve des moutons sauvages, des renards et de nombreux petits oiseaux dans les vallées, et je crois que c'est à cause de ces oiseaux que la vallée était appelée auparavant wadi Zerzura.

Moi, Abd el Melik Ibrahim el Zueia, ai fait cette confession de ma propre volonté, et je suis prêt à prouver la véracité de mes dires en guidant toute personne qui voudra se rendre à la vallée appelée aujourd'hui d'après mon nom, wadi Abd el Melik. »

Ainsi se termine la confession d'Abd el Melik et Almásy poursuit :

« Je n'ai rien à ajouter à ce qui précède ; je désire seulement redire une fois de plus que c'est le vieux Abd el Melik lui-même qui déclare que sa vallée était le wadi Zerzura.

Sa description de l'endroit est exacte en tous points et cela seulement est une preuve suffisante de la véracité de ces dires.

Abd el Melik suppose que sa vallée est le mystérieux wadi Zerzura du temps jadis, et je ne vois aucune raison pour qu'il n'en soit pas ainsi,

Wadi Amra et ses acacias entouré des falaises
du Gilf el Kébir

même si Zerzura était supposée constituer une oasis permanente avec des palmiers et des ruines. La réalité n'est-elle pas plus convaincante que les suppositions ou les bruits créés par l'imagination?

Tout récemment, par ordre de S. M. le roi Fouad, la Société royale de géographie d'Égypte a publié une carte qui avait été préparée et dessinée en 1877 pour le khédive Ismaïl, mais qui n'avait jamais été imprimée. Sur cette carte, la région du plateau du Gilf Kebir porte l'inscription « wadi Zerzura, Oasis des Nègres ». Cette inscription est placée dans le carré formé par les longitudes 24° et 26°, les latitudes 28° et 26°, c'est-à-dire exactement dans la région où se trouvent le wadi Talh, le wadi Abd el Melik et le wadi Hamra.

Les cartographes du khédive n'avaient pas parcouru cette région, mais ils avaient écrit sur la carte l'information recueillie auprès des indigènes. Maintenant que les "vallées des Nègres" ont été découvertes et visitées, pourquoi leur nom ancien ne serait-il pas porté sur la carte de l'Égypte nouvelle? »

Cette déclaration terminait-elle la quête de Zerzura?

Non, pas vraiment. Car certains explorateurs de la deuxième moitié du XXe siècle continuent à se demander si ce wadi Abd el Melik est bien la mythique Zerzura ou bien si elle ne se trouverait pas quelque part, enfouie sous les sables ?

Les explorateurs de la deuxième moitié du XXe siècle

Les nombreux wadis du Gilf Kebir, leur profondeur, leurs parois abruptes témoignent d'un climat qui ne fut pas toujours aussi aride tant dans le Gilf Kebir que dans son prolongement, au nord du wadi Gubba. Dans cette

Acacia tortilis raddiana dans le djebel ouenat
Photo et dessin de Théodore Monod

région, on rencontre ainsi de véritables « marmites de géants », comme celle que nous avons appelé “la cascade” et que nous allons maintenant évoquer.

La cascade

C’est un endroit unique qui se trouve dans le prolongement du Gilf Kebir au nord de wadi Gubba et qui montre le travail d’érosion de l’eau. On n’y trouve aucun arbre mais une flore herbacée y subsiste, encore maintenant, grâce à l’eau qui, de temps en temps, doit dévaler du haut du plateau le long de ses parois très raides. Ce lieu n’était sans doute pas une oasis, mais certainement un lieu d’habitation car le plateau qui l’encadre porte les traces d’une occupation néolithique.

Quant au wadi Abd el Melik qui, après ce que nous venons de lire, a pu être un jour l’oasis de Zerzura, il n’est plus aussi vert qu’il devait être au temps d’Ibrahim ! Nous l’avons parcouru, pour la dernière fois, en février 2000 : facilement accessible depuis le plateau du Gilf en passant par le Lama-Monod pass, on se retrouve très vite dans ce wadi très large, bordé de falaises très raides datant du Jurassique et même, à quelques endroits, de l’Ordovicien. Nous avons toutefois dénombré pas moins de mille quatre cents acacias ; beaucoup sont très desséchés, voire même morts : leurs troncs, cassés, jonchent le sol. Pourtant, nous en avons trouvé en fruits et surtout, ce qui nous a fait très plaisir, il y a de nombreuses pousses qui se portent beaucoup mieux que leurs aînés. Mais la source située à mi-hauteur de la falaise, sous un abri rocheux où un Tébou avait été vu en 1936 s’approvisionnant en eau, est maintenant complètement tarie.

Mais il n’y a pas que le wadi Abd el Melik qui intéresse les explorateurs. Il y a quelques années, notre collègue et ami Giancarlo Negro croyait pouvoir annoncer la découverte de l’emplacement de Zerzura, dans l’extrême partie ouest du désert Libyque, un peu à l'ouest de notre « cascade » et à faible distance de la frontière libyenne.

Nos amis italiens nous signalent en effet, avoir découvert dans un oued sans nom une végétation qui, pour eux, implique l'existence d'une oasis disparue. Ce site se trouve dans le massif qui prolonge le Gilf Kebir au nord du wadi Gouba.

Dès l'annonce de cette découverte, nous en concluons, de notre côté, qu'il s'agit simplement d'une végétation post pluviale comme peut en faire naître la moindre averse accidentelle, végétation d'ailleurs herbacée et temporaire, vite desséchée et dont le vent disperse rapidement les débris. Mais il fallait évidemment se rendre sur place pour le vérifier. Car il s'agissait peut-être de Zerzura...

Après une tentative avortée en 1997, nous atteignons enfin l'endroit recherché en février 1998. Comme prévu, nous constatons très vite que nous ne nous sommes pas trompés, hélas! Née d'une récente averse, la végétation qui s'offre à nos yeux n'en présente pas moins quelques bons buissons très verts de *Zilla spinosa*, accompagnés de la florule suivante, déterminée par J.-P. Lebrun :

Genre et espèce	Numéros des échantillons récoltés
Acacia tortilis ssp. raddiana	non échantillonné
Arnebia sp.	20179
Astragalus vogelii	20185
Convolvulus sp.	20180, 20172
Fagonia sp.	20173
Monsonia sp	20181
Pulicaria sp.	20174

Salsola imbricata	20164, 20175 bis
Schouwia sp.	20177
Stipagrostis sp.	20183, 20171, 20176, 20166
Tricodesma africanum	20178, 20182, 20184
Zilla spinosa	20165, 20168, 20169, 20107 bis.

Ce qui nous frappe d'emblée, ici, c'est que toutes les espèces mentionnées figurent dans la liste des plantes du Gilf Kebir qui compte une cinquantaine d'espèces.

Nous reviendrons plus loin sur cette évidente et remarquable parenté.

Le cas de l'*Acacia tortilis* toutefois, mérite tout de suite quelques remarques. Il s'agit, en effet, d'un assez gros spécimen atteignant environ deux mètres cinquante de haut mais qui montre l'anomalie de croissance observée chez les acacias de l'Ouenat. L'arbre, dans ce cas, commence d'abord par se diriger vers le sol mais à partir de là, sans s'être enraciné, repart vers le haut, comme Théodore Monod l'a exposé à deux reprises différentes. Ce gros arbre n'a pu se développer ici qu'à une époque climatique différente de la nôtre. On peut évidemment imaginer une période antérieure où la pluviosité se trouvait supérieure à celle d'aujourd'hui, mais il existe une autre hypothèse. Cette source d'humidité peut aussi s'expliquer par le ruissellement du Gilf Kebir dont les trois principaux oueds apportaient alors leurs eaux plus ou moins loin vers le nord à l'extérieur du massif; à côté des oueds d'orientation sud-nord, tel que l'oued sans nom que nous venons d'explorer, aurait-il existé, dans cette région, des zones d'épandage où se seraient accumulées des eaux d'inondation en provenance du massif?

À côté de la végétation, la faune présente également quelques caractéristiques particulières. Elle paraît relativement diversifiée puisque nous avons recueilli une corne de mouflon et un escargot désertique de vingt-trois millimètres de diamètre, *Eremina sp.*, et observé des excréments de mammifères différents, le tout témoignant de la présence dans l'oued sans nom d'une faune déjà bien différente de celle de la Grande Mer de Sable.

Une exploration attentive de la région serait nécessaire, pour répondre à cette question, mais elle risque d'être rendue difficile par la présence de la frontière internationale, de direction méridienne, séparant la Libye de l'Égypte.

Il serait d'ailleurs intéressant de suivre, en territoire lybien, les oueds, comme celui de la cascade et l'oued sans nom en direction du nord.

Ce plateau gréseux représente donc une région biologique particulière et que l'on peut sans doute considérer comme un sorte de prolongement du Gilf Kebir en direction du nord et du nord-ouest.

L'existence d'un district biogéographique autonome comprenant le plateau du Gilf Kebir et ses prolongements vers le nord méritait d'être signalée. Elle prouve, en effet, qu'à côté de la Grande Mer de Sable et de sa totale aridité peuvent exister des régions un peu moins défavorables au développement de la vie végétale et animale.

Cette récente découverte devrait être précisée et étendue par de nouvelles recherches sur le terrain.

En réalité, ce que les Italiens appellent Zerzura I se trouve en fait dans le wadi de la « cascade » parallèle au wadi sans nom mais situé un peu plus à l'est. La végétation découverte dans le wadi sans nom porte la qualification de Zerzura II pour les Italiens. Quant à Zerzura III, il s'agirait d'un wadi situé encore plus à l'ouest, sur la frontière entre l'Égypte et la Libye.

Les explorateurs sont très imaginatifs : un site devenu célèbre depuis le film *Le Patient anglais* est celui de l'abri aux nageurs, découvert par Almásy au pied d'une falaise de la face ouest du Gilf Kebir, site qui a servi de modèle pour la grotte aux nageurs du film précité et reconstituée, celle-ci, en Tunisie.

À chaque visite, nous avons été impressionnés par cet abri et son site particulièrement grandiose. Nous savons qu'il en a été de même pour Peter Clayton, le fils de Patrick Clayton, inspecteur du Desert Survey Department et redécouvreur du verre libyque.

Ayant une grande pratique des Bédouins et de la langue arabe, Peter Clayton a analysé un certain nombre de textes et nous a fait part de ses remarques.

La première concerne l'ancienneté de la légende de Zerzura : on admet couramment que Zerzura pourrait provenir du nom de ces petits oiseaux que nous avons déjà évoqués ou du bruit qu'ils font; cela veut dire que la légende doit dater de la conquête de l'Égypte et de la Cyrénaïque par les Arabes et l'adoption de leur langue par les nomades. Il aura fallu une cinquantaine d'années pour que ce nouveau langage soit adopté par les commerçants qui parcouraient la piste Koufra-Dakhla et l'on peut penser que cela eut lieu vers 700 apr. J-.C. Ceci est un laps de temps plus que suffisant pour que la légende de Zerzura ait eu le temps de s'établir et d'être consignée dans les différents ouvrages.

Mais Peter Clayton propose également une autre explication pour le nom de Zerzura : supposons qu'un Bédouin à la recherche d'un chameau égaré du côté de la face ouest du Gilf Kebir découvre un abri aux nombreuses peintures : excité par cette découverte inattendue, il appelle ses compagnons, en criant « Sura, Sura » ce qui veut dire qu'il y a de nombreuses peintures. Ce Sura–Sura aurait-il pu devenir Zura-Zura? Et pourquoi pas Zerzura ? Et si l'on se place à l'entrée du wadi Sura, de cet abri aux célèbres représentations de nageurs et que l'on relit la description de Zerzura donnée au paragraphe 369 du Kitab al Durr al Maknuz, on peut essayer de l'appliquer à ce site. S'il n'y a plus ni vignes, ni palmiers, ni source artésienne, avec un peu d'imagination on retrouve les vallées et les collines, ces immenses dômes de grès et, avec encore un peu plus d'imagination, on peut très bien y voir une cité fortifiée.

Et si la vallée difficilement pénétrable qui s'enfonce derrière ce fameux abri cachait la Zerzura tant recherchée et, qui sait, encore un point d'eau? Voilà tout un programme d'expédition à préparer.

Zerzura : mythe ou réalité ?

László de Almásy, conforté par les dires d'Abd el Melik, était convaincu d'avoir identifié le site de Zerzura, au point que l'épitaphe gravée sur sa tombe mentionne sa découverte.

Pour notre part, nous demeurons réservés et préférons employer à ce propos le terme d'hypothèse.

En effet Zerzura, l'oasis légendaire qui inspira au fil des siècles tant de conteurs nomades, la Zerzura du Livre des Trésors, l'oasis mythique qui suscita autant d'espoirs parmi les explorateurs du monde entier, qui fit se mettre en branle tant d'expéditions et couler autant d'encre, peut-elle se réduire à une simple vallée temporairement verdoyante en fonction de pluies épisodiques ?

La « Zerzura d'Almásy » était certainement verte, comme en témoignent les acacias retrouvés récemment, mais on n'y a decelé aucune ruine ni artéfact permettant d'affirmer avec certitude que ce site eût été habité de façon permanente, conformément à la définition habituelle de l'oasis.

Zerzura était-elle une véritable oasis, ensevelie sous les sables, ceux-là même qui engloutirent l'armée de Cambyse II ? S'agissait-il d'une ville animée, bruissante, vivante et pleine de richesses, ou d'un simple havre de verdure entourant une source, découvert par hasard par un nomade marchant sur les traces d'un chameau égaré ? La monture du désert a en effet, entre autres aptitudes, une tendance certaine à la divagation nocturne. Et c'est à la recherche de ces animaux que l'on doit nombre de récits de découverte par les nomades d'endroits enchanteurs tels qu'oasis ou villes fantômes...

Alors Zerzura a t-elle vraiment existé ? N'est-elle que le produit de l'imagination des gens du désert, l'un des nombreux mythes dont regorge la littérature arabe ?

Nul ne peut à cette heure se prononcer avec certitude.

Un jour peut-être le vent du désert Libyque, soufflant en tempête sur les cordons de dunes et soulevant dans les airs des nuées de sable fin, restituera t-il aux hommes l'oasis perdue, révélant au grand jour son emplacement et ses secrets, et laissant après son passage les vestiges intacts de Zerzura la Légendaire, comme un monument ultime à la mémoire de tous ceux qui y consacrèrent une partie de leur existence...

NOTES

1. *In* Théodore Monod, *Majabât Al Koubra*, mémoire IFAN, n° 52, 1958, p. 303.
2. *aklé* : massif compact de dunes vives, à topographie confuse, sans orientation générale.
3. a*grâd* : type de dunes.
4. *mehouen* : dunes au relief adouci.
5. *ghord :* cordon de dunes.
6. dhaya : mare de plaine.
7. oglat : puisard.
8. foggara : galerie de captage souterraine amenant l'eau à une palmeraie.
9. Il s'agit de Kharga.
10. *Messingstadt*, en allemand (*Messing* = laiton = airain).
11. Les Beni-Corra habitaient la Cyrénaïque.
12. Ce personnage est le même que celui qui figure dans *l'Histoire des Berbers* d'Ibn Kahaldoun sous le nom de *Madi ibn Mocreb*.
13. Mac Guckin de Slane écrit à propos de ce texte : « Il n'y avait qu'un Arabe du désert, un Mocreb par exemple, pour faire de tels contes, et un Arabe citadin, un Bekri, pour les accueillir et les répéter.
14. Ard el Ghaffar ou Ard el Kufara, kafar pouvant signifier le pays des mécréants ou le pays couvert par des dunes. La carte éditée en 1749 par Jean-Baptiste Bourguignon d'Anville désigne par Ghaffar une région qui se trouve à l'ouest de Dakhla. Sur cette carte, figure aussi aux coordonnées 24° N - 18,5° E – site très proche de Koufra qui, à cette époque, n'était pas encore connu – la ville de « Gherma, jadis capitale des Guaramantes ».
15. Nous devons sa traduction à l'aimable collaboration de Idir Amara et de Peter Clayton.
16. D'après Almásy, la citadelle d'Es Suri pourrait être un couvent, le Deir El Qalamûn ou des ruines entourées d'un mur circulaire et situées à l'ouest de Dakhla.
17. D'après von der Esch, El Hanz ou El Hez, est un site à l'extrême sud de l'oasis de Baharia.

18. Nous devons ces informations à l'amabilité de M. Horst Gnettner, ancien conservateur du Heimatmuseum Schloss Schönebeck à Vegesack, dont les archives sont très riches.
19. Cette lettre se trouve dans les archives du musée précité sous le n° 5.94a.
20. Archives n° 5.178, même source.
21. Moudir : fonctionnaire égyptien équivalent d'un gouverneur.
22. Il s'agit de Claude Ptolémée (~90 à ~168), géographe, astronome, un des plus grands savants de l'Antiquité.
23. D'après Théodore Monod, l'olivier est inconnu dans ces régions et il pense qu'il s'agit de fruits de *Balanites aegyptiaca*. Ils contiennent une amande comestible, mais son péricarpe est particulièrement apprécié par les chacals.
24. Omda : préfet.
25. Éduqué à Oxford, c'est en anglais qu'il nous fait le récit de ses voyages. Mais nous avons utilisé la version allemande de ce livre, traduit par W. Rickmens sous le titre *Rätsel der Wüste*. Au préalable, il avait d'ailleurs déjà fait paraître, sur cette même expédition, un article dans le numéro de septembre 1924 du *National Geographic Magazine*.
26. D'après une communication personnelle récente du Dr Rudolf Kuper, une datation plus précise donnerait 1800 av. J.-C. De plus, son équipe aurait découvert, grâce à l'aide de Carlo Bergmann, un chamelier allemand qui parcourt le désert chaque hiver depuis une vingtaine d'années, trois autres dépôts, plus petits, dont on soupçonnait d'ailleurs l'existence. Cette découverte a, entre autres, fait l'objet d'un article dans le numéro d'octobre 2000 de la revue *Géo* en allemand.
27. Brigadier : général de brigade.
28. Les Anglais Sir Robert Clayton et Hubert Penderel, craignant les Italiens qui venaient d'occuper cette oasis en 1931, n'ont pas voulu accompagner Almásy.
29. D'après des photographies et des renseignements obtenus auprès de Peter Clayton, ce camp est sans doute très proche du Pebble Island (23° 25' 33" N – 25° 25' 9" E).
30. Certains auteurs écrivent qu'elle se serait écrasée avec son avion.
31. Khabir : Chef
32. Almásy ajoute la précision suivante : « Je suis en possession d'une note écrite par le prince Kemal el Dine en 1932. Dans cette note, il cite plusieurs expéditions faites par les Sénoussis pour découvrir Zerzura. Entre autres, le prince écrit : "Ahmed el Cherif a envoyé pendant la guerre, lorsqu'il était dans les oasis, une partie de 5 à 7 hommes pour aller et trouver un chemin de Dakhla à Ouenat et bien d'autres expéditions encore, entre autres, une spécialement envoyée pour chercher Zerzura. Un certain Lbeiter a fait partie de l'expédition à la recherche de Zerzura." Je suis sûr que l'homme nommé Lbeiter que cite le Prince est le même que le Lefeitah' d'Abd et Melik. »
33. Rappelons les noms botaniques de ces arbres : Talh = *Acacia tortilis*, Selim = *Acacia ehrenbergiana*, Heglig = *Balanites aegyptiaca*.
34. Six-coups. sans doute un fusil italien.
35. Ou gerbas = outres.
36. Homme décoré de la Medjidieh, du nom de la décoration décernée dans l'Empire ottoman et instituée en 1851 par le sultan Abdul-Medjid et destinée à récompenser le mérite civil et militaire.

Peter Clayton

M. Edmund Diemer

9 March 1999

To:- Seekers of Lost Oases,

Revival of the Zerzura Club Dinner for 1999

In 1931 the Zerzura Club was founded by Ralph Bagnold and his companions over a drink a Greek cafe in Wadi Halfa at the end of their expedition. The first Zerzura Dinner was held at the Cafe Royal on August 29th that year and became an annual event until the end of the 1930s.

Many of you have favoured the idea of a similar gathering of those of us still searching for their Zerzura, either in person on the ground, in our studies or on our imagination. Accordingly I have arranged for us to meet at the Cafe Royal, Regent Street, London W1 from about 18:30 on the evening of Friday 18 June 1999 for a buffet supper.

Rupert Harding Newman - a member of the original Zerzura Club, hopes to be with us.

Please inform me as soon as possible if you would like to join us, and let me have your cheques, payable to "Zerzura '99", by 15th May1999 at the latest.

Yours sincerely,

Peter Clayton

Par cette lettre, Peter Clayton, fils de Patrick Clayton a fait revivre, et dans les mêmes locaux, la tradition du « Zerzura Club » qui, dans les années trente réunissait une fois l'an les « chercheurs d'oasis perdues ». Rupert Harding-Newman, seul survivant de cette époque héroïque, a pu y assister.

DOCUMENTS

OÙ DONC EST PASSÉE L'ARMÉE DE CAMBYSE II ?

Si l'oasis mythique de Zerzura n'a toujours pas été localisée, le désert Libyque et, en particulier la Grande Mer de Sable, recèle encore bien d'autres mystères.

Il y a d'abord ce célèbre verre libyque utilisé par les hommes préhistoriques qui en faisaient des outils simples ; les pharaons ne le connaissaient guère et, à notre connaissance, seul le scarabée du pectoral de Toutankhamon est fait de ce matériau. Ce verre a été découvert par un Bédouin, en 1848, puis perdu de vue, il a été redécouvert, en décembre 1932, par Patrick Clayton, alors inspecteur du Service topographique égyptien. Depuis cette date, il ne cesse d'alimenter les travaux des chercheurs. Malgré deux congrès et près de deux cents articles scientifiques qui lui ont été consacrés, l'hypothèse de sa formation ne peut pas encore être totalement garantie à cent pour cent.

Il y a aussi l'épopée de l'armée de Cambyse II, perdue corps et biens sous les sables.

Le récit de la disparition de cette armée nous vient d'Hérodote, le « Père de l'Histoire ». Il nous raconte, en fait, ce que lui ont dit les Ammoniens, habitants de Siwa, où se trouvait le célèbre oracle du dieu Amon, de cette campagne qui s'était passée en 525 av. J.-C., soit près de 80 ans auparavant.

Dune du désert Libyque

Partons à la recherche de cette armée avec Hansjoachim von der Esch, un des compagnons de voyage du comte László de Almásy. Nourri du texte d'Hérodote et de toutes les autres informations qu'il a pu trouver, il nous raconte cette épopée dans son livre *Weenak, die Karawane ruft*[1] paru en 1941.

Nous nous sommes fortement inspirés de son texte et en reproduisons des passages entiers, ou quelquefois un peu résumés :

« Nous étions étonnés par de curieux phénomènes météorologiques que nous ne pouvions expliquer, par la difficulté que nous rencontrions avec nos niveaux à bulle des théodolites, qui semblaient être influencés par une masse lourde cachée. J'étais trop absorbé de jour par le travail quotidien pour m'en inquiéter; mais le soir, ces phénomènes me revenaient à l'esprit. Fallait-il les attribuer à des djinns ou à l'armée de Cambyse II, cette armée, forte de cinquante mille hommes, qui était partie de l'oasis de Kharga, avait pénétré dans la Grande Mer de Sable et devait attaquer Siwa, le siège du célèbre oracle d'Amon. "Alors qu'ils étaient en train de déjeuner, écrit Hérodote, un violent vent du sud se leva et enfouit les cinquante mille hommes." S'agit-il, là encore, d'une légende ou ce récit est-il réel? Je passai quelque temps à Kharga et, à cette époque, je possédais très bien le parler local. Je rencontrai alors un vieux conducteur de caravanes qui maintenant gagnait sa vie dans les palmeraies à dattes. D'autres caravaniers se joignirent à notre entretien, mais quand on leur demandait qu'était jadis Kharga, ils ne savaient pas répondre. Alors mon caravanier me prit à l'écart pour me dire : "Tu sais, ces gens qui habitent ici ne savent pas grand-chose : ils travaillent dans les plantations, dépensent leurs sous et meurent; une vie sans grand changement, sans joie. Mais nous, caravaniers, nous connaissons les vieilles histoires, des histoires aussi vieilles que celle du temple que tu vois là bas, et plus vieilles encore. Toi, efendi[2], je t'ai vu partir dans le désert l'année dernière et revenir plusieurs semaines plus tard. Vos voitures sont rapides, vous avez dû aller très loin et tu dois pouvoir comprendre nos vieilles histoires du désert."

Il était facile de deviner qu'une de ces vieilles histoires allait m'être contée. Nous recherchâmes l'ombre d'un palmier et un endroit pour nous asseoir afin de pouvoir savourer l'histoire. Son récit était long, débité sur un ton monocorde, mais combien en était fascinant le contenu ! Il concernait une grande armée qu'un conquérant étranger mena, il y a des temps immémoriaux, depuis la vallée du Nil jusqu'à cette oasis, puis, plus à l'ouest jusqu'à l'oasis de Dakhla et, de là, en continuant dans les grandes dunes de sable. Ils prirent, comme guides, des khabirs de Kharga, mais ils haïssaient les étrangers et les avaient éconduits. Tous étaient cependant morts de soif ; aucun n'était revenu.

La description de cette aventure était enrichie par les propres expériences de mon vieux caravanier. Mais lorsqu'il s'arrêta de parler, un des paysans qui écoutait ce récit l'interpella : "Vous, gens des caravanes, vous voulez être plus malins que nous. Chaque habitant de Kharga connaît l'histoire de cette armée étrangère, avec ses casques en or et ses épées en argent." Plusieurs autres approuvèrent. Je me souvenais alors que des voyageurs européens qui passaient à Kharga ou Dakhla, il y a bien des années, avaient entendu le même récit de cette incursion dans le désert de l'armée perse et qu'Hérodote raconte dans son troisième livre. Je me demandai si ce vieux conducteur de caravanes – comme d'ailleurs les autres habitants de Kharga – n'avait pas été influencé par les asatzas, ces savants qui, il y a environ deux cents ans, avaient fait des fouilles dans la région, et leur avaient emprunté ce qui faisait maintenant le corps central de leur récit. Car, le plus grand temple de Kharga, et le plus précieux du point de vue archéologique, est perse. Cependant, les fouilles avaient montré que ce temple ne datait pas de Cambyse II, mais qu'il avait été bâti par son successeur, Darius Ier. Il est possible que les archéologues du musée métropolitain de New York qui assuraient ces fouilles aient pu évoquer avec leurs aides indigènes quelques épopées coutumières de cette armée perse. Mais le Dr A. Reisner, responsable de la mission américaine, ne croyait guère à cette campagne de Cambyse II. Kharga, la seule oasis reliée deux fois par semaine par un train à voie étroite, est par ailleurs, un endroit où trop d'informations fausses peuvent se propager. Quoi qu'il en soit, ce que j'avais appris à Kharga n'entama en rien ma conviction que les récits d'Hérodote devaient être fondés.

Le récit de la campagne de l'armée de Cambyse II à travers le désert Libyque en direction de Siwa précède, dans le troisième livre d'Hérodote, un autre récit, celui de l'épopée que conduisit Cambyse II en personne à travers le désert de Nubie contre les Éthiopiens. Rappelons que ce roi n'a régné sur l'Égypte que de 525 à 522 av. J.-C.

Lors d'un voyage au Soudan, je découvris à Assouan un manuel de voyage populaire où il était écrit que le temple d'Abu Simbel portait une trace contemporaine de l'expédition de Cambyse II en Nubie et que l'on pouvait encore la voir : sur la jambe droite de la deuxième statue colossale, en partant du sud, devait se trouver une inscription gravée par des soldats grecs de l'armée de Cambyse II et disant que, jusque-là, l'expédition s'était bien passée. On sait, par le livre d'Hérodote, que la campagne a par la suite échoué, faute de nourriture. Il décrit en détail comment ils ont commencé par manger les animaux de bât, puis l'herbe et les plantes et finalement, lorsqu'ils arrivèrent dans le désert de sable, ils mangèrent un sur dix de leurs compagnons après les avoir tirés au sort. C'était donc la faim, et non la soif, qui obligea l'armée à rebrousser chemin et ces faits donnent à penser que l'armée se déplaça le long du Nil qui, en Nubie, est bordé des deux côtés par le désert.

Je descendis du bateau à vapeur à Abu Simbel et, muni d'un appareil photo et de papier à décalquer, j'essayai de vérifier si au moins un des deux récits d'Hérodote était véridique. Je trouvai l'inscription sans aucune difficulté. Mais elle était placée très haut car sans doute, à l'époque, une partie de la jambe devait être couverte par du sable soufflé par le vent. Des enfants de pêcheurs m'apportèrent de quoi réaliser un échafaudage. Je pouvais ainsi lire l'inscription à hauteur d'œil. Le grec que j'avais appris à l'école me suffit pour constater que le rédacteur du manuel de voyage avait fait une erreur, car cette écriture, bien conservée, ne datait pas des mercenaires de Cambyse II mais de Psammétique II ; elle était donc postérieure de deux générations et datait d'une campagne infructueuse en Nubie. L'inscription commençait par les mots suivants, bien lisibles : "Lorsque le roi Psammétique arriva à Elephantine (2e cataracte), ceux qui étaient venus avec Psammétique écrivirent, aussi longtemps que le fleuve le permet" (c'est-à-dire jusqu'à la deuxième cataracte) et se terminait par : "C'est nous, Archon, fils de Amoibichos et Pelekos, fils d'Udamos qui avons écrit cela." Je continuai à chercher ailleurs mais ne trouvai rien qui soit inscrit en écriture perse ancienne ou babylonienne qui pouvait faire allusion à Cambyse II.

En remontant le Nil, j'eus assez de temps pour repenser à tout cela et réalisai combien il était indispensable, du point de vue scientifique, de ne pas se fier qu'à son seul point de vue.
Pourtant le rédacteur de mon manuel et les quelques voyageurs européens qui constituaient sa source n'avaient pas dû prendre ces informations de l'air du temps ; car il existe bien un témoignage de la campagne de Cambyse II contre les Éthiopiens ; il se trouve dans la section égyptienne du musée national de Berlin. Il s'agit de la stèle de Dongola. Cette pierre a été découverte en 1853 dans la ville de Dongola par le comte Schliessen. À l'origine, cette pierre n'était pas à cet endroit mais devait se trouver à Napata, siège royal de l'Égypte ancienne et situé à deux cent cinquante kilomètres en amont, au pied du mont Barkal. Schliessen décalqua sur un papier spécial le recto et le verso de la stèle et l'envoya à Richard Lepsius. Celui-ci publia l'interprétation, incomplète, de ce texte dans le volume 10 de son important ouvrage *Denkmäler aus Ägypten und Äthiopien*, mais sans nommer le nom du découvreur ni réaliser l'importance historique de ce monument. Dans une revue allemande de 1877, il déclara que cette stèle avait été offerte au musée de Berlin par Mohamed Ali. Or en 1854, Mohamed Ali était mort depuis cinq ans. La stèle se trouvait encore à Dongola en 1868 et elle ne fut offerte au musée de Berlin qu'en 1871 par Abbas I, petit-fils de Mohamed Ali. Sa grande valeur historique ne fut vraiment mise en évidence qu'une génération plus tard, par Heinrich Schäfer ; l'analyse qu'il en fit montra que cette stèle avait été érigée par le souverain éthiopien Nastesen, contre lequel était dirigée la campagne de Cambyse II. En quarante-neuf lignes, il décrit comment il vainquit et traita ses ennemis. Ces lignes gravées il y a deux mille cinq

cents ans sont la preuve que la campagne nubienne décrite par Hérodote a bien eu lieu : elle ne s'est toutefois pas terminée comme Hérodote l'a écrit mais par une véritable défaite que lui a infligé Nastesen.

Alors, si cette campagne a bien eu lieu, pourquoi celle en direction de Siwa à travers la Grande Mer de Sable serait-elle une fable?

Je continuai donc mes recherches, m'intéressant particulièrement aux instruments de mesure et aux cartes et c'est ainsi qu'en étudiant la *Géographie*, en huit volumes, du grand astronome, mathématicien et géographe Claude Ptolémée, je découvris un lieu dénommé Cambysu tamieia, ce qui veut dire « maison de réserves de Cambyse II », site qui correspondait à la campagne contre la Nubie. Ce même lieu avait déjà été signalé cent cinquante ans plus tôt par Pline l'Ancien. Si Cambyse II s'était préoccupé de faire des réserves pour son raid vers l'Éthiopie, pourquoi n'en aurait-il pas fait de même pour conquérir Siwa et pourquoi n'avait-il pas établi des réserves entre Thèbes (maintenant Louxor) et Siwa en vue de la traversée du désert Libyque ? D'après Hérodote, l'armée, partie de Thèbes, atteignit la ville d'oasis en sept jours. L'examen de la carte et beaucoup d'autres considérations montrent que cette oasis ne peut être que Kharga. On pense aussi qu'il laissa une partie de ses troupes dans cette oasis et ne continua qu'avec environ dix mille hommes. Là, ils auraient engagé des guides locaux pour les amener à Siwa. À partir de ce moment, on ne sait plus rien d'eux à part le récit qu'en ont fait les Ammoniens à Hérodote[3] : lorsque les Perses furent arrivés à peu près à mi-chemin entre Kharga et Siwa et alors qu'ils se mettaient à table, un vent du sud très violent se leva, forma des tourbillons et les enfouit tous. C'est tout ce qu'en dit Hérodote et c'est la seule citation de l'époque gréco-romaine. Si les classiques plus tardifs tels que Diodore et Strabon parlent de la campagne de Nubie, aucun ne mentionne celle en direction de Siwa.

Je pensai qu'il fallait donc rechercher des traces du passage de cette immense armée dans la Grande Mer de Sable et me souvint de ce que le grand explorateur allemand Gerhard Rohlfs signalait, il y a un demi-siècle, sans toutefois faire allusion à Cambyse II que, lors de son voyage de retour, il avait trouvé, entre Siwa et Farafra, deux "invraisemblables" dépôts de tessons de poteries, expliquant "que ces dépôts étaient peut-être les restes d'une étape de passage d'une grande armée, car vu l'absence d'eau et de sources, il ne pouvait s'agir de traces d'habitations permanentes". »

Hansjoachim von der Esch nous raconte alors, en une trentaine de pages, comment en étudiant les cartes et le récit de Rohlfs ainsi que celui de divers explorateurs, il put délimiter, sur le trajet de huit cents kilomètres qui sépare Kharga de Siwa, les quelque deux cent quatre-vingts kilomètres qui devaient être explorés. Il était évident que ceci ne pouvait se faire que grâce à des chameaux particulièrement adaptés et à des guides fiables. Avec l'aide d'Evans Pritchard, jeune professeur anthropologue, il put rencontrer des Sénoussis de la tribu des Magabras, qui avaient quitté Koufra lors de l'occupation de l'oasis par les Italiens et qui s'étaient établis au Fayoum. Il prit contact avec leur chef, Abdul Gawab Bey, qui, après avoir été convaincu, lui confia trois chameaux, neuf conducteurs de chameaux et son propre fils, Aziz, autrement dit de quoi constituer une petite caravane afin de faire un raid pour tester l'aptitude de ce groupe à aller, plus tard, explorer les régions difficiles où l'armée de Cambyse II aurait pu disparaître. De dunes en dunes, la caravane arriva à Deir Samuel, un couvent copte complètement isolé, construit au pied du mont Qalamun où ils reçurent l'hospitalité du supérieur, le kommos Ishak. Puis ils repartirent; mais le terrain devint de plus en plus difficile. La caravane devait être plusieurs fois rappelée à l'ordre avec l'ancien cri des caravaniers : weenak ! Malgré cela, cet essai fut concluant et il fut décidé d'entreprendre, l'année d'après, l'exploration de la région pressentie.

Pourtant, le destin en voulut autrement. Ce projet dut être abandonné, en particulier à cause d'une grave maladie d'Ewans Pritchard.

Von der Esch eut envie de poursuivre cette recherche avec son ami László de Almásy :

« Je profitais de l'hiver pour explorer à nouveau avec Lászlo de Almásy la partie ouest du désert Libyque, mais la recherche de l'armée de Cambyse II restait présente dans tous nos esprits et je continuais de compulser divers documents, en particulier un manuscrit du XVe siècle intitulé *Histoire de l'oasis Siwa.* »

Nous avons cité ce manuscrit à propos de Zerzura. Retranscrit par le Dr Stanley selon les dires du cheikh Omar Musellim, il parle de Zerzura mais également d'une armée du roi d'Égypte, qui, il y a très longtemps, avait envoyé une expédition forte de plusieurs milliers d'hommes à la conquête de Siwa et avait disparu jusqu'au dernier homme aux environs de Bahrein, une petite oasis située à cent kilomètres au sud de Siwa.

« Je proposai à Almásy un projet d'expédition dans cette région; il me déconseilla d'utiliser des chameaux eu égard aux mauvaises expériences qu'avaient faites Gerhard Rohlfs, Jennings Bramley, Harding King, Orde Wingate ainsi que d'autres officiers anglais du Camel Corps. »

Il demanda alors officiellement au gouvernement égyptien que quelque chose fut fait pour rayer la dernière tache blanche qui restait sur la carte d'Égypte et lui proposa de monter pour cela une expédition en automobiles. Il se heurta là à un fait politique : le gouvernement, très à la solde des Anglais, ne voulait pas que cette exploration fut confiée à des étrangers mais à des indigènes, puisque tels étaient considérés non seulement les Égyptiens mais aussi les Anglais. D'ailleurs plusieurs articles de journaux étaient déjà parus en ce sens.

De plus, la zone à prospecter devenait dès lors zone militaire et von der Esch avait appris que, même en chameaux, l'expédition n'était plus possible car on avait interdit, à l'avenir, à Abdul Gawab Bey de louer ses chameaux à des Européens, sauf autorisation spéciale.

« Je continuai mes investigations en tenant compte de ce que l'on sait que le chameau ne fut introduit en Égypte qu'après Cambyse II. Seule une armée sans chameaux aurait eu besoin d'un dépôt d'eau au bout de quatre jours et demi de marche, ce qui correspondait à la moitié de la distance entre Mout, la capitale de l'oasis de Dakhla et la source bien connue d'Abou Mungar. D'ailleurs, c'est précisément au milieu de ce trajet que Rohlfs avait trouvé cet amoncellement extraordinaire de tessons. Je pouvais dès lors imaginer ce qu'avait été ou aurait dû être le trajet de l'armée de Cambyse II : elle avait quitté Mout proche de Dakhla en longeant vers le nord les cordons dunaires jusqu'à atteindre Abou Mungar, puis, de là avait rejoint la source Aïn Dalla, d'où elle aurait continué à longer le flanc est des dunes en direction de Bahrein et de là aurait traversé les derniers cordons dunaires pour finalement arriver à Siwa. Ceci exigeait que des dépôts d'eau auraient dû être établis entre Bahrein et Siwa.

Notre expédition qui devait partir de Baharia commença, à la demande du ma'mur [gouverneur adjoint] de Baharia, par la récupération et le remorquage du deuxième véhicule d'un explorateur français qui s'était perdu et avait pu être convoyé par les autorités égyptiennes en lieu sûr avec la première voiture. Avec trois voitures, un théodolite et tout le matériel topographique nécessaire, Almásy et moi-même avons, en plusieurs semaines, cartographié trente mille kilomètres carrés de régions dunaires. Au cours de ces travaux, nous avons découvert six alamats[4] sur des endroits maintenant plus du tout ensablés. Devaient-ils indiquer la route à l'armée de Cambyse II? Quoi qu'il en soit, nous n'avons trouvé aucune trace de cette armée. Mais en fait, que devrait-on trouver? Les ossements des combattants ont dû tomber en poussière depuis très longtemps. Mais quel pouvait être leur équipement? Là encore, Hérodote va nous aider car, dans son septième livre, il décrit l'équipement des armées de l'époque. Les Perses ne portaient pas de casques mais "des tiares dont on ne connaît pas la matière mais qui n'étaient pas en feutre; ils avaient des cuirasses à écailles, de courtes épées et des poignards". »

Tout ce matériel doit certainement se trouver quelque part sous les dunes et être dispersé en plusieurs endroits.

Et Hansjoachim von der Esch termine son récit en écrivant :

« Il faudra donc y retourner et j'espère qu'Allah me permettra de trouver ces traces tant recherchées avant qu'un officier anglais ne me devance... »

... Ni Hansjoachim von der Esch, ni László de Almásy n'ont pu retourner dans le désert Libyque. Mais cette armée volatilisée tracasse les amoureux du désert. Et, comme pour Zerzura, des passionnés du désert partent, depuis quelque temps, à sa recherche, recherche très difficile, car si cette armée a disparu, ce ne peut être que dans la partie nord de la Grande Mer de Sable. Or, il n'y a là plus de couloirs interdunaires, mais un océan ininterrompu de dunes dont le sable, liquide, a tendance à engloutir les véhicules. Des missions lourdes se préparent encore aujourd'hui pour aller explorer cette région, car n'a-t-on pas récemment découvert des vestiges qui auraient pu appartenir à ces vaillants soldats... ?

NOTES

1. Weenak, la caravane appelle.
2. Efendi : seigneur, maître (mot d'origine turc).
3. Il ne faut pas oublier qu'Hérodote décrit un événement qui s'est passé il y a quatre-vingts ans !
4. Pluriel d'alam, cairns, souvent faits de pierres, qui indiquent la piste aux caravanes.

LA VILLE DE CUIVRE
ou LA VILLE AUX TOITS D'AIRAIN

Avec le récit de la « Ville de Cuivre », nous entrons de plein pied dans l'univers légendaire oriental ; comme pour beaucoup de documents arabes, il est difficile de la localiser avec précision. Si elle a jamais existé, était-elle en Orient, au Maroc, en Andalousie, dans le désert Occidental ? Dans ce dernier cas, il s'agirait alors du désert Libyque. Plusieurs auteurs en parlent mais si les sites diffèrent, les descriptions des événements, vécus par ceux qui sont partis à sa recherche, sont assez voisines. De nombreux savants ont cherché à savoir ce que représentait cette ville de cuivre et, bien sûr, où elle pouvait se trouver. Nous avons eu quelques informations du Dr Bodenstedt, un chimiste passionné par le sujet, mais nous avons surtout trouvé de nombreuses informations dans l'ouvrage *Les Cent et Une Nuits* de Maurice Gaudefroy-Demombynes auquel nous empruntons de larges extraits.

L'acteur principal des récits qui vont suivre se nomme Mousa ben Noçair [1], quelquefois appelé Musa ibn Nusair. C'est lui qui avait été chargé dans les années 698-699 par Abd al Aziz ibn Marwan (685-705 apr. J.-C.) du gouvernement de la partie égyptienne de l'Afrique du Nord.

Gaudefroy-Dernombynes écrit :

« Le texte le plus ancien qui raconte l'histoire de la Ville de Cuivre paraît être un ouvrage intitulé *Tarikh Ibn Habib*, dont la bibliothèque d'Oxford possède un manuscrit et que l'on peut dater de l'année 891 environ. L'auteur y montre Mousa ben Noçair parvenant aux rivages de la mer Environnante (océan Atlantique) et où l'attendent d'étranges spectacles : il rencontre d'abord une figure de cuivre qui, de ses flèches, tue successivement deux soldats, avant de tomber inerte sur le sol. Puis, il parvient à la forteresse de cuivre, et dès qu'il fait jouer contre les murs ses machines de guerre, les assiégés lui crient : "Roi, nous ne sommes point ce que tu crois. Nous sommes des djinns. Laisse-nous donc en repos." Les soldats qui ont franchi la muraille demeurent prisonniers des habitants de la ville ; ils sont par la suite renvoyés au général musulman [il s'agit de Mousa ben Noçair], mais, restés sans connaissance durant toute leur captivité, ils n'en gardent aucun souvenir. Mousa lève le siège de la forteresse. Plus loin, il trouve des coffres de cuivre et, par mégarde, il ouvre l'un d'eux. Un démon en sort et s'écrie : "Salut à toi, Prophète d'Allah ! Tu m'as bien puni en ce monde." Mais il s'aperçoit de son erreur et disparaît. Mousa n'ouvre point les autres coffres. »

Ibn el Faqih rapporte que d'après les plus anciens auteurs :

« La Ville de Cuivre fut construite par Dhou I Qarnéin, qui y déposa ses trésors et les produits de sa science, et en défendit l'entrée par des enchantements qui arrêtent les visiteurs. Il en construisit l'intérieur en pierre de baht[2], qui est pour les hommes ce que l'aimant est pour le fer ; quiconque la regarde est contraint de rire aux éclats et de s'élancer vers elle. Il ne peut ensuite s'en détacher. On la trouve dans les déserts de l'Andalousie. »

L'histoire de la Ville de Cuivre a été reprise d'une façon fort embellie dans *Les Mille et Une Nuits*, ouvrage qui date tout au plus du quinzième siècle et dont le contenu est sans doute fort éloigné de la version des *Mille et Une Nuits* dont parlait Maçoudi, un écrivain plus ancien, qui fut un grand voyageur en Orient, et qui mourut au Caire en 956. Il était presque contemporain d'Ibn el Faqih.

Maçoudi parle deux fois de la Ville de Cuivre.

« Mais, nous dit Gaudefroy-Demombynes, si les textes de Maçoudi sont forts intéressants, ils font remonter au dixième siècle l'hésitation, où se trouvait un amateur de folklore, pour situer la légende de la Ville de Cuivre.

Maçoudi, avec cette absence de choix critique qui est, pour nous, si précieuse par la masse de documents naïfs qu'elle nous apporte, la relate sous deux formes différentes et dans des lieux géographiques distincts, sans avoir l'air de s'en rendre compte. Dans le premier récit, Mousa ben Noçair atteint la Ville de Cuivre dans le Sahara occidental ; dans le second, on la découvre dans les déserts de l'Andalousie et les hommes qui y pénètrent en rapportent de "délicieux souvenirs". »

La première version la situe donc dans le Sahara occidental :

« Au-delà du Sous el Aqça (Maroc méridional), on arrive au fleuve de sable, wadi r'Ramel, et au château noir el Qaçr es Alwad. Alors commencent des solitudes de sable, où se trouve la cité connue sous le nom de Ville de Cuivre (Medinat en Nouhhas), ainsi que les coupoles de plomb (Qibab er Reçaç) qu'atteignit Mousa ben Noçair sous le khalifa d'Abd el Melik ben Merwan ; il y vit des merveilles, qui sont décrites dans un livre connu de tout le monde. »

La deuxième version, également rapportée par Gaudefroy-Demombynes, est décrite avec beaucoup plus de détails :

« Le khalife Abd el Melik ben Merwan, ayant entendu parler de la Ville de Cuivre, des trésors et des merveilles qu'elle contenait, ainsi que d'un lac voisin qui, lui aussi, renfermait des trésors immenses, écrivit à son gouverneur au Maghreb, Mousa ben Noçair, et lui donna l'ordre de se rendre à la Ville de Cuivre et de faire tous ses efforts pour y pénétrer et pour en faire l'exploration. Il remit la lettre à Tâleb ben Modrik, qui se mit en route aussitôt et qui rejoignit Mousa ben Noçair à Qairouan où il se trouvait alors. Dès qu'il eut pris connaissance des ordres du khalife, le gouverneur équipa une troupe de mille cavaliers, nobles et vaillants et marcha, à leur tête, sur la Ville de Cuivre.

Il emportait pour quatre mois de vivres et une provision d'eau suffisante pour lui et ses compagnons. Il s'était fait accompagner de guides connaissant bien le pays. Après quarante-trois jours de marche, il atteignit la ville et y resta trois jours, de façon à en faire la connaissance complète. Puis il se rendit au lac, situé à deux miles de la ville, et en fit l'exploration. Alors il revint à Qairouan, d'où il chargea Tâleb ben Modrik de remettre au khalife Abd el Melik ben Merwan la lettre suivante : "Au nom d'Allah Clément, Miséricordieux (puisse-t-il accorder au prince le parfait bonheur en ce monde et dans l'autre!), je t'informe, prince des Croyants, qu'ayant préparé une expédition pour quatre mois, je me suis mis en marche, à la tête de mille cavaliers, vers les déserts de l'Andalousie. Bientôt je me trouvai sur des chemins 'infrayés', dont les points d'eau avaient disparu, loin de tout lieu connu. Pendant quarante-trois jours, je marchai, tendant ma volonté vers cette ville inconnue et merveilleuse. Enfin, une lueur nous l'annonça à cinq journées de marche. Son aspect merveilleux nous épouvanta, et son immensité lointaine glaça d'effroi nos cœurs. Stupéfaits à la vue d'une ville qui n'était point une œuvre humaine, nous mîmes pied à terre, à son angle oriental. Après avoir fait la prière du soir, nous passâmes là, la plus horrible nuit que musulmans aient jamais passée ; aussi est-ce d'acclamations joyeuses qu'en saluant l'aurore, nous glorifiâmes le nom d'Allah. Je donnai l'ordre à l'un de mes compagnons de faire, avec cent hommes, le tour de la ville et d'en reconnaître la porte. Ils restèrent deux jours absents, et au matin du troisième, ils vinrent m'apprendre qu'il n'y avait point de porte, ni aucun moyen d'accès dans la ville. Je fis alors amonceler au pied du rempart tous les bagages de mes compagnons, les uns au-dessus des autres, dans le but d'y faire monter quelqu'un qui regarderait par-dessus le mur et me renseignerait. Mais le mur était si haut que nos bagages n'atteignirent point le quart de la muraille. Je donnai l'ordre de réunir un grand nombre d'échelles, de les assembler bout à bout avec des cordes, et de les dresser contre le mur ; puis je promis dix mille dirhems à celui qui monterait au faîte et qui me renseignerait sur ce qui se trouvait dans la ville. L'un de mes compagnons se décida à tenter l'aventure et commença à monter en récitant des formules protectrices et des versets du Coran. Mais, quand il fut parvenu au-dessus de la hauteur du mur, il éclata de rire et s'élança dans la ville ; nous eûmes beau l'appeler et lui demander de nous dire ce qu'il voyait, il ne répondit pas. Alors je promis mille dinârs qui décidèrent un homme d'Himyar à monter au haut de l'échelle ; mais dès qu'il fut parvenu à la hauteur du mur, il se mit lui aussi à rire aux éclats, et il s'élança dans la ville sans répondre à nos questions. Un troisième eut le même sort que ses deux compagnons, et personne ne voulut plus tenter l'aventure. Enfin, désespérant de connaître le sort de ces malheureux et d'obtenir aucun renseignement sur la ville, je me décidai à me mettre en marche vers le lac, autre but de mon voyage ; mais comme nous longions le mur de la ville, j'aperçus une inscription himyarite, que je fis copier : 'Pour servir d'avertissement à l'homme puissant et fort, à celui qui espère l'éternité, quand nul être vivant n'est éternel ; si un être vivant pouvait obtenir l'éternité, Salomon, fils de David, l'eût obtenue.' La source coula pour lui à flots, c'était une source de cuivre, don magnifique et généreux. Il dit aux djinns : 'Construisez-en pour moi un monument qui, jusqu'au jour du jugement, durera immuable, indestructible.' A plat, ils le façonnèrent, puis l'inclinèrent vers le ciel par leurs habiles artifices ; puis ils firent couler, selon la pente, le cuivre par-dessus le mur, et ce devint une masse solide pareille au dur rocher. Alors Salomon y réunit tous ses trésors ; ils apparaîtront peut-être en un jour inconnu. Mais derrière elle la ville n'a rien laissé debout de l'empire, puis Salomon a été déposé dans la tombe au fond des fosses ; il a été étendu sur le côté, au plus profond de la terre, confié aux grandes dalles de pierre. Apprends par là que toute puissance est d'un moment, sauf celle d'Allah, puissant et généreux." »

Revenons aux malheureux cavaliers qui montèrent sur le mur de la Ville de Cuivre. Dans cette version, c'est la vue de la pierre d'al baht dont est fait le pilier central de la Ville de Cuivre qui attire les curieux à l'intérieur :

« Quiconque la regarde perd l'esprit et rit d'une façon si prolongée et si désordonnée qu'il périt. »

On trouve une version concernant la ville du Sahara occidental dans un texte résumé par Ibn Khaldoun sans doute à partir d'un document de Maçoudi :

« Il en est de même de ce que Maçoudi raconte au sujet de la Ville de Cuivre, Medinat en Nouhhas, cité dont toutes les constructions sont en cuivre et qui se trouve dans le Sahara de Sidjilmassa. Mousa ben Noçair y parvint au cours de sa campagne du Maghreb. Les portes en sont creuses ; si quelqu'un parvient à monter sur les remparts, dès qu'il est au sommet, il bat des mains, s'élance dans la ville et disparaît. »
Une version du XIIIe siècle, citée par Qazwini, fait intervenir les djinns :
« Abou Hamid el Andalousi dit que la Ville de Cuivre aurait quarante parasanges[3] de tour et que ses murailles seraient élevées de cinq cents coudées. Un livre célèbre lui a été consacré et il y est dit qu'elle fut construite par Dhou I Qarnéin. Mais en réalité, c'est Salomon, fils de David, qui l'a construite. Elle n'a point de porte visible, et ses murailles sont à toute épreuve. Mousa ben Noçair, à la tête de ses troupes, réussit à l'atteindre ; il fit élever, contre la muraille, une haute construction, sur laquelle il plaça un escalier de bois qui en atteignait la hauteur. Il y fit monter un homme auquel il avait promis une somme d'argent considérable. Quand celui-ci fut monté assez haut pour apercevoir l'intérieur de la ville, il éclata de rire et s'élança dans le vide : on entendit alors, au delà des murailles, des cris épouvantables. Un autre cependant consentit à monter à son tour, en échange d'une forte récompense ; on lui fit promettre de ne point s'élancer dans la ville et de dire ce qu'il verrait. Mais lui aussi, parvenu au haut des degrés, éclata de rire et se jeta dans la ville, d'où, cette fois encore, s'élevèrent d'effrayantes rumeurs. Enfin, monta un homme au cœur ferme, qui prit la précaution de se faire attacher avec une corde. Quand il domina la ville, il voulut suivre ses compagnons ; on le tira avec la corde, mais si fort que le milieu de son corps fut brisé. On comprit alors

qu'il y avait dans la ville des djinns qui attiraient tous ceux qui paraissaient au-dessus des murailles de la ville et, désespérant d'y pénétrer, Mousa se retira. » Mousa rapporta tout cela à celui qui l'avait envoyé vers cette ville. « Quand la lettre de Mousa ben Noçair parvint au khalife Abd el Melik ben Merwan, il en prit aussitôt connaissance et il demanda à el Zohri, qui se trouvait alors dans la salle, ce qu'il pensait du sort des hommes qui étaient montés sur le mur de la Ville de Cuivre et qui avaient été enlevés. El Zohri dit qu'il pensait qu'il y avait dans cette ville des djinns qui en avaient reçu la garde. »

Mais il existe encore bien d'autres versions qui situent la Ville de Cuivre ailleurs, comme sur le rivage de la mer Abyssine, aux confins des déserts de l'Inde ou encore, dans les déserts d'Espagne et possédant une coupole de plomb...

Dans *Les Cent et Une Nuits*, l'histoire de la Ville de Cuivre se poursuit avec l'exploration du lac :

> « Je repris ensuite notre marche et j'atteignis, au coucher du soleil, le lac qui avait une étendue d'un mile sur un mile et qu'agitaient les vagues. Au-dessus de l'eau, un homme se tenait debout. Nous l'appelâmes et lui demandâmes qui il était. Il nous répondit qu'il était un djinn ; que Salomon, fils de David, avait emprisonné son père dans ce lac et qu'il venait voir dans quel état il se trouvait. Nous lui demandâmes ce qu'il faisait là, tout debout au-dessus de l'eau. "J'ai entendu une voix, nous dit-il, et j'ai cru que c'était celle d'un homme qui vient ici une fois par an, à l'époque où nous sommes. Pendant plusieurs jours, il reste sur les bords du lac : il prie, il répète le nom d'Allah, il célèbre ses louanges." Nous lui demandâmes s'il savait qui pouvait être cet homme, et il nous répondit

qu'il pensait que c'était el Khadir (sur lui soit le salut!); puis il disparut, je ne sais comment.

Nous passâmes la nuit sur le bord du lac. Le lendemain, je fis approcher l'équipe de plongeurs que j'avais emmenés avec moi. Ils se jetèrent à l'eau et ramenèrent une sorte d'amphore en cuivre, fermée avec du plomb cloué avec des clous de cuivre. Je fis ouvrir ce vase et il en sortit un homme, tenant à la main une courte lance de cuivre qui monta dans l'air, en criant : "Prophète d'Allah, je ne recommencerai point." Les plongeurs, une deuxième et une troisième fois, rapportèrent encore des vases semblables au premier. Le khalife posa à El Zohri au sujet des vases trouvés dans le lac la même question que celle posée à propos de la Ville de Cuivre. Celui-ci répondit que c'était des djinns rebelles que Salomon, fils de David, avait emprisonnés au fond des mers.

Cependant mes compagnons murmuraient, craignant de manquer de vivres, et il fallut songer au retour. Nous reprîmes donc le chemin que nous avions déjà suivi, et nous rentrâmes bientôt à Qairouan. Louange à Allah qui a favorisé les desseins du prince des Croyants et qui a veillé sur son armée. »

NOTES

1. Mousa ben Noçair pour les uns, Musa ibn Nusair pour d'autres, cet homme paraît être l'homme incontournable de la fin du VIIe siècle. Que d'aventures n'a-t-il pas vécues ! Il est cité par de nombreux écrivains dont Nowaïri, auteur d'une encyclopédie et mort en 732 après l'hégire (événement daté du vendredi 16 juillet 622).

2. La pierre d'al baht est connue du Moyen Âge oriental et occidental; il s'agit de la pierre dite « marianite » ou « aétite » ou « pierre d'aigle » (trioxyde de fer). Qazwini dit que le « baht a la couleur de la marcassite blanche. Aimant de l'homme, c'est cette pierre qui fait rire et attire les gens qui montent sur les remparts de la Ville de Cuivre : au centre de la cité merveilleuse, il y a en effet un pilier de

baht. Quand l'homme est pris de cet irrésistible rire, rien ne peut se faire, sinon la volonté d'Allah. Mais tout son pouvoir est anéanti par un petit oiseau plus petit que le moineau ('acfour), le ferfer, au plumage noir, avec le bec, les yeux et les pattes rouges. Quand il se pose sur la pierre magique, elle perd toute sa puissance. » Le renseignement d'Edrisi est différent : la pierre d'al baht se trouve sur les rivages de la mer Environnante, du côté des îles Fortunées, au large du Sénégal, et la tribu berbère des Lemtouna (d'où sont sortis les Almoravides) la recherche : car d'après eux, elle porte bonheur et lie la langue.

3. Parasange : unité d'itinéraire des anciens Perses équivalant à cinq mille deux cent cinquante mètres.

LA SIXIÈME EXPÉDITION DE ROHLFS

Avec Heinrich Barth (1829-1865), Gustav Nachtigal (1834-1885) et Georg Schweinfurt (1836-1925), Gerhard Rohlfs, né le 14 avril 1831 à Vegesack, près de Brême, et mort le 2 juin 1896, est un des quatre grands explorateurs allemands de l'Afrique. Il eut à son actif huit expéditions dont deux au cours desquelles il faillit perdre sa vie. Ici, c'est la sixième expédition qui nous concerne.

Le khédive Ismaïl alloua quatre-vingt mille marks à Rohlfs qui fut chargé d'atteindre Koufra en partant de Dakhla. L'intention de Rohlfs était donc de traverser d'est en ouest cette région inconnue que l'on appellera par la suite la Grande Mer de Sable. Il devait aussi découvrir des oasis, dont Zerzura. Si cette oasis mythique n'a pu être trouvée, si Koufra n'a pas pu être atteint, cette expédition lourde et forte de plus de cent chameaux est pourtant la première qui réussit à s'aventurer aussi loin dans la Grande Mer de Sable ; elle permit aussi d'acquérir des informations scientifiques car Rohlfs, lui-même médecin, s'était fait accompagner de savants réputés pour leurs compétences : Karl von Zittel, Paul Ascherson, Wilhelm Jordan et Ph. Remelé.

Gerhard Rohlfs raconte son expédition dans son ouvrage *Drei Monate in der libyschen Wüste* (*Trois mois dans le désert Libyque*) paru

L'explorateur allemand Gerhard Rohlfs (1831-1896) fut le premier européen à pénétrer dans le désert Libyque en 1873.

en 1875 et Karl von Zittel donne ses propres commentaires dans *Briefe aus der libyschen Wüste* (Lettres du désert Libyque), décrivant en détail l'équipement de la caravane, sa vie quotidienne, la vie dans les oasis, le passage au couvent copte de Maragh, insistant bien sûr, sur sa spécialité, la géologie.

L'équipe débarqua le 27 novembre 1875 à Alexandrie, s'y attarda quelques jours pour y subir la quarantaine et faire certains préparatifs. C'est là qu'ils rencontrèrent le consul général d'Allemagne qui les accompagna au Caire pour présenter les membres de l'expédition au khédive. Rohlfs décrivit aux savants de l'Institut égyptien du Caire – des Français, pour la plupart – les buts de son expédition et il reçut de bons vœux de succès pour cette entreprise ; le khédive leur fournit l'une de ses cuisines de voyage complète, ainsi que des couverts en argent, des services en porcelaine et en cristal. Après avoir réglé les derniers préparatifs, ils prirent le train jusqu'à Minieh puis, là, s'embarquèrent sur le vapeur *Nassif-Cher* et, le 8 décembre, après que Rohlfs eût hissé le drapeau allemand, ils voguèrent vers le sud jusqu'à Siut où les attendaient les chameaux que leur avait procurés le consul général d'Allemagne. Ils achetèrent enfin les dernières provisions avant le grand départ. De là, la caravane se mit en route le 18 décembre pour l'oasis de Dakhla, via l'oasis de Farafra ; ils passèrent leurs premières nuits dans le couvent copte de Maragh qui leur fit une réception somptueuse et furent les hôtes pendant trois jours de ses cinq cents moines. Ils quittèrent la vallée du Nil le 21 décembre pour s'enfoncer dans le désert.

Parmi les nombreuses péripéties de ce voyage, il convient de rappeler particulièrement deux événements :

LA GROTTE DJARA

La caravane quitta Siut et se dirigea vers l'oasis de Farafra. On était en plein dans le désert et l'on approchait de Noël ; mais il n'était pas possible d'envisager de s'accorder du repos pour fêter ce jour. Le 24 décembre au matin, la caravane rencontra pour la première fois un véritable cordon dunaire que l'on appelle ici, au Sahara oriental, *rhart*. Rohlfs supposa que ces cordons s'étendaient sensiblement du nord au sud, ce qui se confirmera par la suite. Nous savons maintenant qu'il s'agit d'Abu Muharik, cette dune de cinq cent cinquante kilomètres de long. Ce cordon n'était d'ailleurs pas très large et donc facile à traverser. On arrive alors sur un reg caillouteux, relativement plat. La veille, le guide principal, Hadj Soliman, avait mentionné à Rohlfs l'existence, dans ces parages, d'une grotte et d'un puits voisin de celle-ci ; les suppositions les plus extravagantes prirent forme. Ce n'était pourtant pas un mensonge, car nous raconte Rohlfs :

« Ce même jour dans l'après-midi, un peu à l'écart de notre chemin, notre guide nous amena à une grotte à concrétions[1] s'ouvrant au ras du sol et dont la beauté et l'étendue dépassèrent de loin nos espérances : des stalactites longues de trois à quatre pieds pendaient du plafond en formant de magnifiques draperies, plus pures et plus transparentes que nulle part ailleurs. De la partie accessible de la grotte, on pouvait voir le départ d'autres grottes latérales qui se prolongeaient peut-être très loin sous terre mais dont les entrées étaient toutes bouchées par le sable que le vent y avait soufflé. Qu'elles étaient donc mystérieuses ces stalactites formées par les suintements d'eau douce au milieux d'un désert maintenant absolument aride ! Remontés à la surface, nous avons trouvé un peu plus loin sur le plateau, ce qui, d'après notre guide, devait être un ancien puits. Il

> s'agissait en fait d'une grotte identique à la première mais qui ne communiquait peut-être pas du tout avec celle que nous avions visitée.
> Bien que ce fût le jour de Noël, nous n'avons établi notre camp qu'au coucher du soleil et nous commençâmes alors à célébrer dignement "cette fête allemande" [sic]. Chaque serviteur allemand reçut un peu d'argent et une bouteille de vin et nous-mêmes célébrâmes cette fête par un repas en commun en buvant du vin du Rhin allemand[2]. Nous avons récité des poèmes, porté des toasts à nos épouses, à nos amis restés à la maison, et bien que nous eussions derrière nous une marche très éprouvante, nous restâmes debout jusque très tard dans la nuit. Je dois signaler que je fus le seul à recevoir des cadeaux : mon serviteur m'a remis une paire de pantoufles que mon épouse m'avait brodées et d'autres petites bricoles ; ainsi, les pantoufles de mon épouse me poursuivirent jusque dans le désert Libyque ! »

L'équipe se dirigea ensuite vers l'oasis de Dakhla où elle restera quelques jours, tandis que Rohlfs envoyait Jordan en reconnaissance en direction de l'ouest. Celui-ci partira avec son serviteur allemand Morlock, deux serviteurs indigènes, deux conducteurs de chameaux et vingt chameaux. Rohlfs, Zittel et Ascherson explorèrent Dakhla et ses environs, tandis que Remelé prit beaucoup de photographies. Un coursier apporta à Rohlfs des nouvelles de « l'avant-garde » : Jordan rencontrait beaucoup de difficultés avec les dunes, ne trouvait pas de bois pour faire du feu, ni de pâturage pour les chameaux, mais, il y avait tout de même une bonne nouvelle, car il pensait avoir trouvé une piste qui devait le conduire à Koufra ; il semblait cependant un peu déçu car, écrit-il alors, « elle est marquée par des tas de pierres et non par des palmiers ».

C'était maintenant, comme cela avait été prévu, à Zittel de partir. Accompagné de Seckler, son fidèle serviteur, il quitta Dakhla avec une caravane de quatorze chameaux. Il atteignit le campement de Jordan fin janvier. Rohlfs et Ascherson et le reste de la caravane se mirent en marche pour les rejoindre tandis que Remelé resta à Dakhla. Pendant ce temps, Zittel poursuivit la prospection encore plus à l'ouest. Le résultat ne fut cependant pas très encourageant comme nous le décrit Rohlfs :

« Karl Zittel qui était parti en reconnaissance vers l'ouest avant mon arrivée, avait remarqué qu'après des cordons dunaires de différentes hauteurs on ne voyait qu'une mer de sable : c'étaient des perspectives plutôt tristes : des cordons dunaires, séparés par des étendues sableuses, donc un océan de sable; c'est la seule chose qui pouvait empêcher notre progression vers l'ouest. On pouvait vaincre tous les autres obstacles : on peut franchir les montagnes qui, dans cette partie du désert Libyque ne doivent pas être trop hautes car, si cela avait été le cas, on en aurait vu l'influence sur le climat. Il est tout aussi évident qu'il ne pouvait y avoir de grands fleuves. Dans cette région inhospitalière et sans vie, on ne pouvait pas non plus craindre la présence de populations hostiles. Il faut se soucier de la nourriture et de l'eau, mais une mer de sable ininterrompue remettait tout en question.

Malgré cela et, bien que nous campions au pied d'une dune la plus haute que j'avais jamais rencontrée, je n'avais pas perdu espoir, mais elle ne m'inspirait guère confiance. Après en avoir discuté plusieurs fois avec Jordan, nous avons décidé, d'un commun accord, de partir le 3 février en reconnaissance vers le nord-ouest, car, d'après les dires de Zittel, il était absolument impossible de progresser vers l'ouest. En effet, tous les deux ou quatre kilomètres, on devait traverser un nouveau cordon de dune, chacun ayant une hauteur dépassant cent mètres. Ils étaient tous orientés du nord au sud avec un faible angle nord-ouest vers sud-est. Si nous avions essayé d'aller plein ouest, on aurait pu parcourir vingt kilomètres le premier jour en ayant traversé six cordons. Le deuxième jour, on aurait sans doute encore pu progresser de la même distance, le troisième jour on n'aurait fait que quinze kilomètres et sans doute que dix kilomètres le quatrième jour. Nous estimons que ceci aurait été le maximum que nos chameaux auraient pu parcourir et la preuve en est que nous en avions déjà perdu une vingtaine.

On aurait ainsi progressé de soixante-cinq kilomètres vers l'ouest ; que fallait-il faire ensuite ? En laissant nos chameaux se reposer pendant quelques jours ils auraient peut-être encore pu parcourir cinquante kilomètres. C'est certainement le maximum dont ils auraient été capables ; ensuite, comment revenir ? Bien que forts et patients, la force des chameaux est mesurée et lorsque l'on a vu les difficultés qu'ils éprouvent pour franchir des cordons dunaires, on réalise que cela serait la plus grande folie que de s'aventurer dans une telle mer de sable.

Mais il fallait prendre une décision. Rebrousser chemin sans avoir accompli notre mission, cela nous ne le voulions pas. Arrivés à ce point de notre exploration, nous avions constaté que les dunes conservaient invariablement la même direction, c'est-à-dire le nord ; nous voulions emprunter cette direction ou plus précisément une direction nord-nord-ouest pour progresser. Peut-être atteindrions-nous au bout de quelques jours la fin de la mer de sable et pourrions-nous alors quand même aller vers l'ouest et atteindre l'oasis de Siwa par un itinéraire jusqu'alors ignoré, ce qui per-

Le « désert blanc » au nord de l'oasis de Farafra

mettait aussi l'exploration d'une nouvelle région dans ce désert encore inconnu ? Si, dans le pire des cas, la progression vers le nord s'avérait impossible, nous aurions toujours la solution d'obliquer vers l'est et d'atteindre Farafra. Dans tous les cas, il fallait renoncer à la liaison avec Dakhla et aux caravanes de ravitaillement car personne n'aurait pu repérer nos traces qui ne s'inscrivaient pas dans le sable mouvant. Nous avions encore pour au moins quinze jours de fourrage pour les chameaux, et dans le cas où nous ne trouverions pas d'eau, nos caisses à eaux permettaient d'abreuver les chameaux au moins une fois. Et en quinze jours, on pouvait parcourir une distance appréciable dans le désert.

Mais les dépôts de ravitaillement qui nous avaient tant coûté en peine et en argent devenaient maintenant inutiles. Il fallait les rapatrier à Dakhla. J'ai donc envoyé Morlock avec un chameau prévenir Ernst et Abd Allah qui gardaient le dépôt pour leur dire de le rapporter à Dakhla et de faire de même avec tous les dépôts de ravitaillement qu'ils trouveraient en chemin. Je lui ai donné une lettre destinée à Ascherson et Remelé, restés à Dakhla, dans laquelle je leur faisais part de ma décision et demandais au premier d'envoyer à Farafra une caravane de chameaux bien frais et bien pourvue en fourrage qui devait se trouver là vers le 24 février et m'attendre. J'avais évalué qu'à cette date, nous pourrions arriver à Farafra si, dans le pire des cas, nous n'avions pas pu atteindre Siwa. Il était de toute façon prévu que nous passerions par Farafra lors du voyage de retour de Siwa à Dakhla.

C'était bien sûr risqué de demander à un Européen peu au courant de la vie des chameaux de se charger seul d'une telle mission mais je n'avais pas le choix car nous ne pouvions nous séparer des trois Arabes qui nous

Carte des différentes missions d'exploration de Gerhard Rohlfs

accompagnaient. Et j'espérais aussi que Morlock atteindrait le dépôt en un jour et demi et qu'il pourrait continuer le voyage en compagnie des gardiens.

Mon attente se réalisa et je ne veux pas laisser le lecteur dans l'inquiétude : après une demie journée de voyage, Morlock rencontra une caravane de ravitaillement conduite par mon très cher et très fidèle Bu Bekr, qui était inconsolable, d'être obligé, si près du but, de faire demi-tour. Au passage, ils emmenèrent Ernst et le Dr Abd Allah et, au cours du voyage vers Dakhla, ils rencontrèrent aussi la caravane envoyée par Remelé et attendue avec impatience car elle m'apportait des haricots de Siut. Ces Arabes ne se laissèrent pas dissuader que notre caravane avait dû avoir un accident dans le désert et que nos émissaires cachaient notre mort afin de pouvoir faire disparaître ce que nous laissions, car c'est ce que eux auraient sans doute fait! Ascherson et Remelé avaient d'ailleurs à partir de mes lettres et des dires de Morlock donné un témoignage suffisamment précis des faits qui étaient, à vrai dire, pour eux aussi, assez accablants. Comme il était facile à comprendre, ils s'étaient exprimés d'une façon très réservée dans leurs lettres envoyées à Siut, sur mes intentions; il était inévitable que tant à Siut qu'au Caire, on se fasse des soucis sur notre sort. »

REGENFELD

« Avant d'avoir pesé le pour et le contre puis pris avec Jordan et Zittel notre décision, nous avons eu l'occasion de vivre un phénomène météorologique que l'on observe sans doute très rarement dans le désert Libyque et au Sahara, c'est-à-dire une pluie torrentielle. Nous avions bien vu tomber quelques gouttes le 1er février vers 9 h du soir ainsi que le 2 à

Cairn érigé par Gerhard Rohlfs et ses compagnons
le 5 février 1874, photographié en 1994

6 h du matin. Mais, une heure plus tard, il se mit à pleuvoir d'une façon ininterrompue et ce, jusqu'au 4 février à 14 h. Jordan, qui avait confectionné un pluviomètre, constata qu'en deux jours il était tombé seize millimètres d'eau et celle-ci avait pénétré de dix-sept centimètres dans le sable des dunes.

On avait jusqu'alors admis que le Sahara était une région où il ne pleuvait jamais, et les habitants des oasis n'ont pas peu contribué à soutenir cette croyance communément acceptée. À Tuat, il ne pleut guère ou au maximum tous les vingt ans ; c'est ce que disent aussi les autochtones du Fezzan, bien que M. V. Beurmann, moi-même et Nachtigal avions tous été témoins de pluies ; on disait même qu'à Kauar, les indigènes ne savaient pas ce que c'était que la pluie et dans la vallée du Nil, en Haute-Égypte, la pluie est d'une grande rareté. Les indigènes de Dakhla nous disaient qu'il n'y pleuvait jamais et Hassan Efendi, un homme instruit et auquel par ailleurs on peut faire confiance, disait qu'il ne pleuvait qu'un peu que tous les dix ans. Malgré cela, nous avons trouvé, lors de notre retour dans notre propre maison de Dakhla, des traces d'une averse, beaucoup plus importantes que celles de la pluie que nous venons de décrire. Tout cela concorde aussi avec ce qu'écrit Edmonstone : "*Sometimes the rains are very abundant and fall in torrents ; this season there have been non at all*" ("La pluie peut être quelquefois très abondante et tomber en trombe ; pendant cette saison il n'y a pas eu de pluie du tout"). Des régions du monde dont la pluie est totalement absente n'existent sans doute pas. Ce 2 février, il n'avait absolument pas plu sur l'oasis d'Ammon-Jupiter et à Uah el-Beharieh : il avait plu un peu à Farafra et à Kharga et Dakhla autant qu'ici. Mais lorsque nous quittâmes l'oasis d'Ammon, il plut un peu dans la dépression d'Ammon. D'ailleurs tout au long de notre expédition nous avons eu plusieurs fois quelques gouttes.

Nous nous faisions des soucis pour nos compagnons restés à Dakhla, car nous craignions que nos maisons d'argile ne s'effondrassent. Heureusement ces maisons étaient plus solides que nous ne le pensions. Mais, de toute façon, ces jours que nous vivions n'étaient nullement agréables. Étroitement serrés les uns contre les autres dans notre tente, nous essayions de passer notre temps à papoter ou à lire, tandis que nos serviteurs indigènes tentaient de se protéger en s'enterrant dans le sable et en érigeant un mur avec des caisses en fer. Pour nos chameaux, cette situation était beaucoup plus grave : ils supportent en général mal la pluie et devaient maintenant rester couchés dans l'humidité, jour et nuit, les pattes repliées. Que nous fûmes contents lorsque ces conditions, si inhabituelles au désert, cessèrent.

Avant de quitter notre campement, nous avons déposé le document suivant dans une bouteille bien fermée :

Campement dans le désert Libyque de l'expédition dirigée par Gerhard Rohlfs.

À cet endroit, dont les coordonnées astronomiques sont :

Latitude : 25° 11' 10'' N – Longitude : 14° 42' E par rapport à Berlin et dont l'altitude, mesurée au baromètre, est de 430 m, l'expédition, composée de 7 hommes et de 15 chameaux, a campé du 2 au 5 février 1874. À cause d'une pluie tombée les 2 et 3 février et correspondant à 16 mm d'eau, nous avons appelé cette région « REGENFELD »

Regenfeld, le 5 février 1874

Dr Gerhard Rohlfs, Dr K. Zittel, professeur de géologie à l'université de Munich, W. Jordan, professeur de géodésie à Karlsruhe.

Au-dessus de l'endroit où nous avons enterré la bouteille, nous avons construit avec des caisses en fer et des pierres une pyramide de deux mètres de hauteur. Des pieds humains vont-ils un jour à nouveau fouler cet endroit? »

Grâce aux coordonnées – les cordonnées que l'expédition avait déterminées étaient excellentes – et grâce au cairn qu'ils avaient construit, on peut facilement retrouver ce « Champ de pluie ». Mais la pyramide ne fait plus deux mètres de haut. Il ne subsiste qu'une boîte métallique récente qui contient la reproduction du texte ci-dessus et les cartes de visite ou quelques signatures des explorateurs qui sont passés à cet endroit.

À partir de Regenfeld, la caravane longeant le cordon dunaire arriva à Siwa. Puis ce fut le retour sur Farafra où l'attendait la caravane d'Ascherson et puis le trajet Farafra, Dakhla, jusqu'à la grande oasis de Kharga. Ils visitèrent le temple Hibis qui se trouve à proximité de l'oasis et qui est le plus important temple pharaonique en dehors de la vallée du Nil. Tout à côté, se trouve également une nécropole chrétienne, Bagawat, avec ses chapelles décorées abritant trois cent soixante tombes. Dans l'une des nombreuses chapelles, notre groupe a découvert, en février 2000, des traces de passage de cette expédition sous forme de signatures de deux membres, P. Ascherson et K. Zittel, qui jusque-là n'avaient jamais été signalées.

NOTES

1. Il est étonnant de constater que K. Zittel, pourtant géologue, ne mentionne pas la grotte dans son ouvrage *Briefe aus der libyschen Wüste*; Il y fait à peine allusion : « La solitude et la monotonie d'un voyage au désert agit d'une façon singulière sur le tempérament humain. On regarde avec beaucoup d'intérêt chaque indice sortant de l'ordinaire, tel qu'un beau groupe d'arbres, une belle grotte remplie

de stalactites ou une oasis que l'on avait décrite plusieurs jours auparavant et que l'on attendait avec impatience. »

2. Le texte dit « *mit deutschem Rebensaft vom Rhein* », c'est-à-dire du jus de raisin allemand provenant du Rhin; mais je ne pense pas qu'un tel produit pouvait se conserver et qu'il s'agisse de vin. Jean-François Sers parle de champagne : peut-être a-t-il trouvé cette information ailleurs ?

1923 : une expédition difficile : celle du prince Kemal el Dine[1]

Jarvis n'aimait pas tellement le désert mais il le raconte pourtant bien dans son livre *Three Deserts*. Ancien gouverneur du Sinaï, C. S. Jarvis avait déjà été dans le désert Libyque en 1916 et au début de l'année 1917. Nous sommes maintenant en 1923. À cette époque, à part un raid réalisé en 1918 par l'Army Light Car Patrol, le désert à l'ouest de Dakhla n'a pas encore été exploré avec des véhicules automobiles. Tout se fait alors avec des chameaux. Cette expédition de 1923 sera donc la première à utiliser des véhicules automobiles.

Nous donnons la parole à Jarvis :

« Le prince Kemal el Dine que nous accompagnions avait trois objectifs : tout d'abord trouver une piste éventuelle qui permettait de rejoindre Koufra, l'oasis des Sénoussis, maintenant occupée par les Italiens mais jusqu'alors considérée comme une *terra incognita* ; ensuite localiser l'oasis mythique de Zerzura qui, d'après les Arabes, devrait se trouver à deux cents miles[2] à l'ouest de Dakhla ; enfin retrouver la bouteille dissimulée par l'explorateur allemand Gerhard Rohlfs, il y a cinquante ans, lors de son voyage de Dakhla à Siwa : cette bouteille devrait contenir les coordonnées de ce site et le Dr Ball, du Desert Survey, qui nous accompagnait dans ce voyage serait heureux de pouvoir ainsi y confronter ses propres données. Pour saisir l'importance de ce document, il faut comprendre la mentalité et le caractère de ces hommes du Desert Survey, car ce ne sont pas des individus ordinaires mais des fanatiques et des solitaires qui ont consacré leur vie à la cartographie de la vaste Égypte et qui considèrent leur Survey comme une religion. Je tire mon chapeau à ce département égyptien. Il s'agit d'une toute petite administration – ils sont presque tous britanniques – ; on ne peut pas dire qu'ils sont très populaires auprès du gouvernement égyptien, car les Égyptiens haïssent le désert et ne voient aucune nécessité à le cartographier ; de ce fait, ils ne reçoivent aucun encouragement à faire ce travail et l'Anglais moyen ne connaît même pas l'existence de ce service, car il ne figure sur aucune liste officielle. Et pourtant, ses ingénieurs ont fait plus de travail solide et durable en Égypte que tout autre groupe officiel depuis l'époque de Cromer[3].

Pour notre expédition, le prince Kemal el Dine avait acheté six véhicules Ford et trois Citroën équipées de chenilles Kégresse en caoutchouc. C'était alors le nec plus ultra du transport ; ces véhicules à chenilles pouvaient grimper n'importe quelles dunes et, en dépit de la faible puissance de leur moteur, avaient assez de force pour tirer un autre véhicule hors du sable. Mais ils avaient deux inconvénients : ils ne pouvaient pas rouler à plus de quinze miles à l'heure, et ce même sur de bonnes surfaces, et leur système de refroidissement n'était pas assez efficace et consommait trop d'eau.

Les Ford étaient représentées par le vieux modèle ordinaire à deux ponts. Du fait de leur forte puissance comparée à leur poids, elles pouvaient bien mieux circuler à grande vitesse sur des terrains difficiles, que tout ce qui se faisait à l'époque.

Le programme prévoyait que je parte avec un mois d'avance sur l'expédition, accompagné d'un sous-lieutenant du Frontiers Camel Corps pour mettre en place deux dépôts d'essence, d'eau et de réserves aussi loin à l'ouest de Dakhla que possible. Nous sommes partis avec les neuf véhicules et leurs chauffeurs, un vieux guide soudanais, l'ordonnance soudanaise de Fairman et mon ordonnance arabe, Osman. Quant aux chauffeurs, il y avait un officier anglais sans affectation, un Néo-Zélandais, deux Français, un Algérien, un Juif, deux Égyptiens et mon propre chauffeur soudanais, Ismaïl. C'était une organisation étrange et si je devais refaire une expédition de même type je veillerais à ce que mes chauffeurs viennent tous d'une unité où la discipline existe et non pas des gens pris par-ci par-là et de n'importe où. L'Anglais et le Néo-Zélandais étaient excellents, les Français étaient d'admirables mécaniciens mais la caractéristique de ce peuple était qu'ils sortaient de leurs gonds lorsque quelque chose n'allait pas : si l'on voyait une grêle de clefs, de marteaux et de tournevis tomber du ciel, on prenait conscience que l'un des Français avait quelques ennuis. Je préfère oublier l'Algérien et le Juif. Quant aux deux Égyptiens, ils étaient plein dc bonne volonté mais étaient toujours effrayés par le désert à tel point que l'on ne pouvait leur faire confiance lorsqu'on les perdait de vue.

Fairman, âgé alors de vingt-trois ans, mesurait six pieds et était le jeune homme le plus solide que j'ai jamais rencontré. Il l'a largement prouvé dans cette expédition qui était bien loin d'être une partie de plaisir : il était physiquement l'homme le plus fort du groupe pour transbahuter les

Véhicules Fort T. au campement dans les années 1930

bagages au-dessus des dunes de sable, pousser les véhicules ensablés, ce qui occupait la moitié de nos journées. Ses muscles et ses biceps étaient appréciés ; il était infailliblement de bonne humeur et de bon cœur, un mécanicien amateur de première classe, bien discipliné et un organisateur né. En d'autres termes, c'était le meilleur choix pour le job. Son sobriquet, Baby, dénotait toutefois pour un jeune homme qui pesait 14 stones[4]. Cela s'explique parce qu'il avait un air franc et ingénu qui lui donnait l'apparence d'une jeunesse extrême, sobriquet qu'il tenait de l'armée qu'il avait rejoint à l'âge de 17 ans.

Nous partîmes de Kharga pour Dakhla à travers le sable et il devint vite évident que nos plans d'établir en trente jours deux dépôts importants étaient irréalisables vu la faible vitesse de progression des Citroën. Nous avions estimé que notre vitesse moyenne de progression serait de douze miles par heure ce qui laissait beaucoup de marge pour se désensabler ou rouler sur du calcaire en poudre avec les véhicules Ford, qui, sur du bon terrain, pouvaient rouler à trente-cinq miles à l'heure. Mais nous constaterons que les Citroën ne pouvaient guère dépasser six miles à l'heure car leurs chenilles crevaient la croûte de surface du sable. Je réalisais très vite que nous ne pourrions pas tenir notre programme. Comme en plus, une Citroën cassa son pont arrière, l'accomplissement du plan devint impossible.

En arrivant à Dakhla ce même soir, nous trouvâmes de nombreux Arabes arrivés ici pour la récolte des dattes. J'en réquisitionnais quelques-uns pour leur demander de transporter l'énorme réserve que nous avions à Kharga, en quatre jours à Dakhla et de là à quatre jours de distance plus à l'ouest de Dakhla. Nous aurions voulu qu'ils pénètrent encore plus loin à l'ouest dans le désert. Mais ils refusèrent, prétextant qu'il n'y avait pas d'eau sur ce trajet et que cela représenterait trop d'efforts pour des chameaux non entraînés. Ils demandèrent un prix exorbitant. Bien sûr, l'énorme fortune du prince Kemal el Dine était connue et l'on savait qu'il n'avait jamais laissé transpirer le fait que l'argent lui posait un problème. Mais je lui ai tout de même câblé au Caire en lui disant qu'en utilisant des chameaux on gagnerait au moins quinze jours et on éviterait beaucoup de problèmes avec les véhicules; je reçus une réponse positive. Nous avons finalement utilisé les chameaux et chargé en plus nos véhicules le plus possible afin d'installer le premier dépôt à au moins cent miles à l'ouest de Dakhla et en empruntant les passages les plus faciles.

Les trente jours consacrés à établir ce premier dépôt puis un autre quatre-vingt-dix miles encore plus à l'ouest furent un cauchemar passé à tirer ou pousser les véhicules, les décharger, porter le matériel au-delà des dunes sur des sols plus résistants. Nous naviguions en avant et en arrière pendant quatorze heures par jour entre les dépôts et nous étions tellement fatigués le soir que nous nous endormions au dîner. Le désert ne m'inspirait pas particulièrement, il avait la diversité la plus ennuyeuse et la plus déprimante, d'immenses courbes de sable avec çà et là des pointements rocheux émergeant de la surface jaune. Je suppose qu'il peut avoir son côté attrayant mais je ne suis pas très attiré par une région qui n'est belle qu'à l'aube et au coucher du soleil. Il faut être un journaliste américain pour décrire des scènes du désert; il écrirait : "Un fantastique labyrinthe de rose, rouge, mauve, écarlate, de pics dorés, de falaises, de rochers à pic, de ravins surgissant tel un lac gelé contre des plateaux gris." La même plume décrirait aussi les Arabes beaucoup mieux que je ne pourrais le faire : "Des êtres maigres, agiles, durcis au soleil, marqués par le désert" et leurs femmes "avec leurs yeux ressemblant à des fontaines de passion, aux traits finement moulés et qui exposent la fierté de leur corps derrière des robes de soie diaphane". De telles choses me font sentir tristement inadapté et mauvais observateur. Et pour le pire, et à la différence du Sinaï, ce désert est sans vie, dépourvu de buissons, qui permettraient de faire du feu pour les aliments et de dispenser une atmosphère familiale autour du brasier.

La région dans laquelle nous travaillions était inexplorée et je trouvais mon chemin grâce à une boussole et un compteur de vitesse. Pendant la journée je notais la distance pour chaque orientation parcourue et le soir, je faisais le point avec un rapporteur. C'était une façon assez hasardeuse de faire le point mais n'ayant ni théodolite, ni sextant, je n'avais pas d'autres possibilités. Pour comble, le deuxième jour ma boussole se dérégla de plus de 20° et avant d'avoir pu en trouver la cause, nous avions parcouru plusieurs miles et trouvé une colline que nous aurions dû éviter. Après cela je me mis à travailler avec le compas solaire[5], un genre de cadran solaire inventé pendant la guerre par un des officiers de l'Army Light Car Patrol.

Il était constitué d'un petit disque de bois fixé sur le capot du véhicule surmonté en son centre d'une tige en fer de quatre pouces[6] de longueur. Fixée sur le disque se trouvait une poignée mobile qui pouvait s'immobiliser dans toutes les positions grâce à un écrou. Pour l'utiliser il fallait sortir du véhicule afin que la boussole ne soit pas perturbée par le fer du véhicule, puis nous prenions le cap vers lequel nous voulions nous diriger ; nous amenions alors le véhicule dans la même direction et tournions le disque jusqu'à ce que la poignée soit dans l'ombre de la tige. Il suffisait alors de conduire le véhicule en ayant soin que la poignée soit toujours couverte par l'ombre de cette tige. De ce fait, on pouvait suivre le bon cap pendant trente à quarante minutes. Après cela, le mouvement du soleil nous obligeait à faire un nouveau point. C'était plus précis qu'un compas fixé au véhicule et qui, après des jours de conduite chaotique et d'embardées, n'indique plus rien de valable.

Pendant toute cette expédition, nous avions rationné l'eau à deux quarts par jour[7] ce qui est juste suffisant à un Anglais moyen pour boire et manger. C'est à dessein que je parle d'Anglais car, réputés auprès des gens simples pour être des buveurs de bière et de whisky, nous ne voulions pas prétendre être une race buveuse d'eau. Mais cette quantité était inadéquate pour les indigènes qui essayaient, la nuit, d'en dérober un peu plus. Il n'était question ni de se laver ni de se raser, et pour se brosser les dents, il fallait le faire discrètement.

Notre premier dépôt se trouvait à cent miles de Dakhla, abrité du vent au pied d'une colline rocheuse qui émergeait du sable d'environ deux cents pieds[8]. Bien que ce désert fût dépourvu de vie – à part quelques gerboises mais on se demandait de quoi elles pouvaient vivre – on trouvait dans les crevasses des rochers de nombreuses carcasses momifiées d'oiseaux. J'ai ainsi trouvé une sarcelle, un canard, une cigogne et plusieurs bergeronnettes et traquets. C'était de toute évidence ce qui restait de malheureux migrateurs qui, à bout de forces, avaient dû se poser et étaient venus mourir à l'ombre d'un rocher. C'était d'ailleurs une découverte intéressante car les ornithologues pensaient que les oiseaux migrateurs suivaient la vallée du Nil.

Notre deuxième dépôt se trouvait quatre-vingt-dix miles plus loin. La piste était assez bonne mais se détériorait vingt miles avant le dépôt. La croûte superficielle du sable devenait de plus en plus molle. Les Ford pouvaient "survoler" ce terrain tant que leur vitesse dépassait trente miles à l'heure mais dès que l'on relâchait la vitesse, les véhicules s'enfonçaient et se trouvaient bloqués, le sable recouvrant les jantes. Il fallait choisir pour s'arrêter de trouver des parties rocheuses qui émergeaient ça et là. Lorsqu'un véhicule s'enfonçait – et c'était souvent le même, car son chauffeur manquait d'expérience du terrain –, les autres véhicules tournaient en rond autour de lui, tels des vautours jusqu'à ce qu'ils aient trouvé un affleurement qui promettait d'être dur. Alors tout le monde poussait le véhicule récalcitrant jusqu'à ce qu'il puisse atteindre un endroit et une vitesse qui pouvait le maintenir en surface. Puis les chauffeurs retournaient à leur véhicule pour recommencer la même opération dix minutes plus tard. De ce deuxième dépôt, je fis une reconnaissance en vue d'installer un dépôt plus loin mais il fallait se résoudre à prendre ce dépôt comme point de départ bien que sa situation ne fût pas favorable.

Le trentième jour le prince Kemal el Dine et le Dr Ball du Desert Survey arrivèrent à Dakhla et le lendemain, atteignant le dépôt n° 1, l'expédition pouvait commencer. C'était la première fois que le prince essayait de résoudre l'énigme des sables libyens mais par la suite il fera bien d'autres expéditions. C'était un homme plein de charme, qui possédait toutes les caractéristiques de la famille royale égyptienne : une intelligence rapide et brillante, une merveilleuse mémoire et une connaissance extraordinaire des hommes et des choses. On ne pouvait pas parler d'un sujet sans que le prince y apporte une anecdote ; il se sentait égale-

Poteries du dépôt Abou-Ballas

ment très à l'aise lorsque l'on parlait des bovins shorthorns du sud du Devon en Angleterre, de la situation politique en Pologne ou de l'agriculture désertique en Australie. Sa mort tragique suite à un empoisonnement du sang en 1932 fut une véritable perte pour le pays, car, bien qu'il ne se soit pas mêlé de politique, c'était un grand personnage et il avait un fort pouvoir dans son pays. En rejoignant le dépôt n° 2, nous eûmes la chance de faire une découverte intéressante, la seule de cette expédition. John Ball m'avait demandé de le conduire un peu à l'écart pour fixer la position d'une colline à peu près identique à celle au pied de laquelle nous avions placé le dépôt n° 1 et qui attirait le regard. Le site qu'il voulait revoir était ce dépôt de poteries que lui seul avait vu et d'ailleurs découvert en 1916. Tout le monde se mit à creuser et l'on mit à jour deux cents jarres de trois pieds de hauteur. Elles étaient disposées par rangées de dix ; lorsqu'on discuta de leur âge, on élimina le fait qu'elles puissent être d'origine arabe car aucun Arabe ne pouvait les avoir déchargées du chameau si régulièrement. Certaines portaient des gravures en forme de cercles ou de carrés tandis que d'autres montraient de vagues contours d'une antilope. Il était évident que cela devait avoir été un dépôt d'eau dans le passé. Certains échantillons furent rapportés au Caire et on estima qu'elles devaient dater approximativement du IVe siècle av. J.-C.[10] »

Pour Jarvis, ce dépôt datait donc de l'invasion de l'Égypte par les Perses et il n'est pas impossible qu'il y ait une relation avec la tragique expédition de l'armée de Cambyse II, qui, partie de Dakhla, voulait soumettre les Ammoniens de Siwa. Selon Hérodote, cette armée a été engloutie dans un vent de sable. Il est cependant peu probable qu'une armée forte de cinquante mille hommes pût être engloutie par un seul vent de sable ; en revanche, par un vent du sud particulièrement fort, l'armée peut perdre sa direction, se séparer de ses moyens de transport et se disperser jusqu'à disparaître en bandes assoiffées. C'est probablement ce qui arriva, car aucun soldat ne revint du désert et leurs squelettes, préservés par l'air sec, doivent se trouver quelque part avec leurs armes et leur équipement enfouis sous le sable.

Mais revenons au récit de Jarvis :

« En arrivant au deuxième dépôt, on constata qu'une deuxième Citroën avait cassé son pont arrière et que deux véhicules Ford s'étaient tellement désintégrés qu'ils ne pouvaient plus participer à la suite de l'expédition. Mais, comme la première Citroën avait pu être réparée, l'expédition pouvait continuer avec deux Citroën et quatre Ford. Il fallait donc laisser trois chauffeurs sur place, ce qui posait des problèmes de conscience et ce, d'autant plus, que quelques-uns de nos compagnons avaient la frousse. Ils ne voulaient pas poursuivre plus loin vers l'inconnu et redoutaient en même temps de devoir rester en arrière avec leurs véhicules maintenant inutilisables en pensant que si nous nous perdions, leur futur ne serait pas brillant. Quant au prince, il prenait un air terrifiant chaque fois qu'il était en face d'une attitude qui ressemblait à de l'insubordination. Finalement nous les quittâmes le lendemain matin sans une manifestation quelconque bien que plusieurs des membres que nous laissions sur place étaient en pleurs.

Le troisième jour, nous atteignîmes le gros ensemble de dunes qui, en cordons parallèles, s'étirent de Siwa vers le sud jusqu'à la frontière du Soudan. Ces cordons croisaient notre route et en montant au sommet de l'une d'elles de quelques centaines de pieds de hauteur on découvrait un impressionnant désert formé de vagues de sable. Pour donner une idée de son aspect, il faut se représenter la baie de Biscay ou le cap de Bonne-Espérance sous une tempête tout d'un coup figée, le tout d'une couleur jaune mastic avec sous les crêtes une légère coloration pourpre ou mauve. C'était d'un certain côté absolument grandiose, mais par d'autres extrêmement rébarbatif et le fait que vers l'horizon où elles disparaissaient dans la brume, elles paraissaient plus raides et plus colossales, semblait nous laisser peu de chance pour trouver un passage.

Mais comme le veut le proverbe anglais qui dit qu'après chaque ligne droite il y a un tournant, les dunes aussi s'interrompent de temps à autre et entre leurs cordons on retrouve un sol de gravier bien résistant et débarrassé de tout sable par l'action du vent. La plupart des dunes étaient du type en fer à cheval[11] très arrondies vers le nord mais avec une descente rapide vers l'intérieur du fer à cheval. Chaque dune était reliée à la précédente et à la suivante par une arête sableuse que le vent avait formée. Certaines dunes étaient suffisamment consolidées pour supporter une Ford et on pouvait la franchir avec suffisamment d'élan ; mais avant de s'élancer, il fallait tester la solidité du terrain à pied car il y avait des endroits particulièrement traîtres formés de sable sans fond où un véhicule s'enfoncerait comme dans un bassin rempli d'eau.

Nous arrivâmes à franchir le premier cordon par une ouverture trouvée huit miles plus au sud, ce qui nous permit d'atteindre un couloir interdunaire formé de graviers, de quatre cents yards[12] de large. Pour récupérer les huit miles que nous avions parcourus vers le sud, il fallait maintenant rouler vers le nord. Au bout de dix miles, nous découvrîmes un passage qui nous permit de franchir le deuxième cordon de dunes. Mais au fur et à mesure de notre progression vers le nord, les cordons interdunaires devinrent plus étroits et il n'y avait plus que des dunes. Nous décidâmes de camper cette nuit dans le sein d'une de ces belles dunes en croissant. Elle nous abritait du vent du nord très transperçant et qui contrastait avec la température de la journée qui atteignait 90 °F [32 °C].

Le dîner de cette soirée fut mémorable. D'abord parce que le cuisinier arriva avec un large sourire, annonçant comme d'habitude une mauvaise nouvelle : par exemple qu'il n'y avait plus de whisky. Un silence impressionnant se fit. Mais le prince – qui avait réponse en toute circonstance – annonça : "Je suis navré à propos du whisky, mais j'ai avec moi une douzaine de bouteilles de cognac pour guérir des malades éventuels."

Il apporta une bouteille; l'étiquette me paraissait familière pour avoir eu l'occasion de l'apprécier lors de dîners chez des "grands". Cela pouvait-il être du cognac Napoléon? C'en était vraiment; j'aurais dû savoir que le prince ne pouvait offrir à ses amis que ce qu'il y a de meilleur. Le cognac Napoléon est bon à boire à tout instant mais, pour l'apprécier au mieux, il faut le boire au milieu des dunes après une journée éprouvante pour les nerfs. Toutefois, il ne faudrait pas le boire dans un gobelet en étain. Je crois que nous avons certainement été les seuls à avoir fait ainsi. Le deuxième événement était l'arrivée d'un pâté en croûte contenant des poitrines de bécassines fourrées aux truffes et que le chef du prince avait confectionné pour l'expédition. C'est certainement le mets le plus merveilleux que j'ai mangé au cours de ma vie : mais ne pensez pas que notre ordinaire atteignait ce standing. Ce pâté en croûte avait été apporté par le prince pour être servi le jour le plus dur de l'expédition en se doutant bien que cela allait remonter le moral chancelant des participants, ce qui fut le cas. Si quelque chose devait me faire revenir au désert au milieu des dunes de sable à l'ouest de Dakhla, ce serait bien le pâté en croûte de bécassine et le cognac Napoléon.

Décrire notre cafouillage, le lendemain, au milieu de la Mer de Sable serait fastidieux, si ce n'est que les dunes devinrent de plus en plus impressionnantes, les barkhanes se fondirent les unes dans les autres et il n'y avait plus qu'une masse sableuse de dunes et de crêtes. Tandis que la première Citroën qui tractait une Ford négociait l'ascension du flanc d'une dune, les véhicules stoppèrent net et l'on entendit un grincement brutal; le chauffeur français descendit de son siège, leva les bras au ciel, geste gaulois d'extrême désespoir qui ne pouvait qu'annoncer la rupture d'un pont – et c'était bien le cas.

Le prince, qui – comme je l'avais déjà dit – avait la décision rapide, donna l'ordre de décharger la Citroën, d'éliminer tout bagage non nécessaire et de retourner avec le véhicule en état de marche. Nous étions arrivés à un point où toute progression n'était plus possible que par remorquage et avec plus qu'une seule Citroën en état de marche ; cela devenait impossible sinon dangereux. Nos réserves d'essence étaient au minimum du fait qu'une grande partie du trajet avait dû être fait en première et la rupture de ce pont n'a fait qu'avancer de quelques heures la fin que nous redoutions. Il était évidemment navrant de revenir en arrière car les dunes réservent toujours des surprises, et au fond de nous-mêmes, nous espérions que plus au nord, nous aurions trouvé à nouveau des couloirs interdunaires et une région plus dégagée qui nous aurait permis de rouler tout droit sur l'oasis de Koufra.

On ne peut guère raconter beaucoup plus si ce n'est qu'une deuxième Ford rendit l'âme en retournant au deuxième dépôt. Par conséquent, il nous fallut plus d'une semaine pour revenir à Dakhla, et cela en sécurité avec les quatre derniers véhicules qui nous restaient sur les neuf avec lesquels nous avions commencé l'expédition. Ce fut une semaine de travail éreintant et comme j'étais chargé des transports, j'étais un peu comme le commandant d'un bateau en train de sombrer. Mais ce que je n'oublierai jamais, c'est la joie du premier bain chaud après deux mois de privation en eau sous toutes ses formes à l'exception de la boisson; mais la suppression de ma barbe était une opération pénible qui nécessita quatre lames de rasoir, tandis que mon menton et mes joues, d'un rose virginal, dénotaient sur la peau ivoire du reste du visage et me faisait penser à un singe désagréable que j'avais vu dans un zoo. Ma femme, qui espérait secrètement retrouver un explorateur bien bronzé et aux yeux brillants rentrant d'un grand désert, n'est jamais revenue du choc qu'elle a éprouvé à mon retour.

Finalement, notre expédition se solda par des résultats négatifs : nous avons prouvé qu'il était impossible d'aller de Dakhla à Koufra avec les véhicules alors sur le marché; nous n'avons pas trouvé l'oasis de Zerzura et nous avons toutes les raisons de penser que, si elle existe, elle doit être recouverte par les dunes, car le remplissage en cinquante ans d'une dépression profonde par des sables soufflés par les vents est, dans cette région, tout à fait possible; enfin, et bien que nous ayons atteint l'endroit où Rohlfs avait enfoui sa bouteille, nous n'avons pas trouvé son cairn. L'année d'après, le prince Kemal el Dine fit une nouvelle expédition à l'ouest de Dakhla au cours de laquelle il trouva non seulement le cairn et la bouteille mais aussi le dépôt que Rohlfs avait laissé cinquante ans auparavant… »

À propos du document de Rohlfs, Kemal el Dine préleva le texte original, le mit par la suite dans un cadre en argent pour l'exposer dans son palais du Caire. Sur place, il fit une copie du texte de Rohlfs et ajouta un texte en anglais signalant son passage le 25 février 1924. Puis, le 28 mars 1933, Almásy compléta ce document avec un texte en allemand. L'ensemble de ces trois textes a paru dans l'édition de 1942 d'*Unbekannte Sahara* tel que nous le reproduisons. Les originaux seraient maintenant au musée du Caire et une copie aurait été, soi disant, déposée dans le cairn. À notre passage, le 13 mars 1994, nous n'y avons trouvé – outre quelques cartes de visite – qu'une copie du texte original de Rohlfs : c'était sans doute celle placée par le prince Kemal el Dine. Elle était en mauvais état et nous l'avons glissée dans une enveloppe pour la protéger.

NOTES

1. Extrait de *Three deserts* par C. S. Jarvis, ancien gouverneur du Sinaï. Editeur John Murray; la première édition date de 1936, celle que j'ai consultée date sans doute de 1941 ; elle comprend trois cent treize pages, sept dessins et une carte schématique.
2. Un mile = 1609 m.
3. Cromer vint en Égypte en 1877, devint contrôleur général lors du condominium après l'abdication d'Ismail, puis consul général et, en réalité, maître de l'Égypte, de 1883 à 1907. On lui doit l'essor économique de ce pays.
4. Soit 89 kg (1 stone = 6,348 kg).
5. Cette « boussole solaire » a, en fait, été inventée par Ralph Bagnold, au cours de ses expéditions dans le désert Libyque.
6. Un pouce = 2,54 cm.
7. Un quart = 946 cm^3.
8. Un pied = 12 pouces = 30,48 cm.
9. Si, pour Jarvis et le prince Kemal el Dine, il s'agit d'une découverte, pour John Ball c'est le retour sur un site qu'il avait déjà découvert en 1917.
10. On sait maintenant qu'elles datent de 2000 ans av. J.-C.
11. Nous aurions utilisé ici le terme « barkhane » ou dune en croissant.
12. Un yard = 0,914 m.

Mausolée du prince Kemal el Dine

LES GRANDES EXPÉDITIONS DU DÉSERT LIBYQUE
De 525 av. J.-C. à nos jours

525 av. J.-C.

L'armée de Cambyse II, nous raconte Hérodote, partie de Thèbes avec cinquante mille hommes, passe par l'oasis extérieure (Kharga) et pénètre dans la Grande Mer de Sable, en vue de se diriger sur Siwa pour conquérir cette oasis, siège du célèbre oracle du dieu Amon. Elle disparaît corps et biens.

331 av. J.-C.

Alexandre le Grand, voulant s'entendre dire, par l'oracle de Siwa, qu'il était bien le fils du dieu Amon, part de Memphis, remonte vers le nord, longe la côte vers l'ouest jusqu'à ce qui s'appelle maintenant Mersa-Matruh et descend vers Siwa à travers le désert où il a failli disparaître dans une tornade de sable. A Siwa, il pénètre seul dans le temple, mais personne, même pas sa mère, Olympia, ne saura ce que lui a dit l'oracle d'Amon. Avec son escorte, il retourne alors à Memphis et poursuit ses campagnes.

De l'Antiquité au XVIIIe siècle

« Parcouru dans l'Antiquité et au Moyen Âge par des routes de caravanes qui joignaient la Tripolitaine et l'Éthiopie, le Hoggar et le cours moyen du Niger à la vallée du Nil, écrit le prince Kemal el Dine, la disparition progressive des points d'eau en a éloigné toute ligne commerciale et a fait du désert Libyque un véritable pôle de répulsion ou, plutôt, une région morte du globe. » Et poursuit-il : « Les routes de caravanes se sont alors repliées, pour ainsi dire, sur le pourtour du désert. » Pour rejoindre la Cyrénaïque depuis Alexandrie, on empruntera alors une route passant par Siwa, Jaghbub et Djalo : à l'ouest du désert, on choisira une route qui va du Ouadaï à la Tripolitaine, et, à l'est, la Darb el Arba'in ou piste des quarante jours qui permet de relier le Ouadaï à Assiout d'où l'on peut atteindre la Méditerranée en passant par les oasis de Kharga, Farafra et Baharia.

1810 et 1812

Mais, sur ces routes, les caravanes se font attaquer et piller. Toujours à la recherche d'une liaison sûre entre l'Afrique noire et la Méditerranée, Shehaymah propose au sultan du Ouadaï, Mohammed Abd el Kerim, dit « Sâboûn », de conduire une caravane en toute sécurité vers le nord, via Koufra (Kebabo). Nous sommes en 1810. Sâboûn accepte, fournit trois guides, dont Rouzzi, un Biddiyât, et une caravane de cinq cents chameaux s'organise. Après six jours de marche dans la direction nord-nord-ouest, elle atteint un massif montagneux, le Gebel en Nar qui est, sans doute, l'Ouenat, mais Rouzzi ne trouve pas la source attendue. La caravane perd les trois-quarts de ses effectifs ; elle finit tout même par arriver après cinq jours de marche en direction du nord-ouest à Kebabo et, de là, atteint Aoudjila, puis Benghazi.

Une deuxième expédition est mise sur pied en 1812 et essaie de rejoindre Koufra par un autre itinéraire. À court d'eau, la caravane se divise, une trentaine d'hommes partent en direction de l'est ; le reste de la caravane, guidé par Shehaymah, trouve un « ruisseau », et découvre, après quatre jours de marche, les cadavres des hommes partis vers l'est. La caravane arrive péniblement à Kebabo et, après un mois de repos à cet endroit, reprend la piste pour rejoindre la Méditerranée.

1848

You'çouf, un des fils de Sâboûn mort en 1815, continue la recherche d'itinéraires faciles et sûrs permettant aux caravanes de rejoindre la Méditerranée. Il promet une forte récompense à celui qui réussira. Un certain Hussein va relever le défi et c'est en explorant une piste à l'est de Koufra en direction de Dakhla qu'il pénètre dans la Grande Mer de Sable, où il découvre de nombreux morceaux de verre, qui, pour lui, sont les témoins d'une activité humaine. Ce verre fait encore maintenant l'objet de nombreuses recherches. Mais Hussein ne peut atteindre Koufra et doit rebrousser chemin.

1862

Le Dr Poncet, un Français, est sans doute le premier Européen à s'approcher de ces régions désertiques. Il quitte le Nil en direction de l'ouest et découvre, paraît-il par erreur, l'oasis de Dakhla, alors occupée par une garnison de huit cents hommes. Nous sommes le 6 octobre 1862. Il ne nous donne aucune information sur ces soldats et sur la région.

1873-1874

La première grande expédition dans le désert Libyque est allemande et très scientifique. Elle est dirigée par le célèbre explorateur, le médecin

Gerhard Rohlfs qui est accompagné du géologue K. Zittel, du botaniste P. Ascherson, du topographe W. Jordan et d'un photographe de paysage, Ph. Remelé.

Cette expédition, forte d'une centaine de chameaux, quitte Assiout le 18 décembre 1873. Elle va essayer d'établir une route vers Koufra à travers la Grande Mer de Sable, mais doit abandonner son projet en particulier pour avoir été surprise, au pied d'un cordon dunaire, par une pluie torrentielle de deux jours. Rohlfs baptise ce site Regenfeld, ce qui veut dire « champ de pluie ». L'expédition longe alors le cordon dunaire vers le nord jusqu'à Siwa, puis revient vers le sud par Baharia, Farafra, Kharga pour terminer la partie désertique de l'expédition à Karnak, le 31 mars 1874.

L'expédition est un succès : c'est la première qui explore partiellement la Grande Mer de Sable. Elle a permis d'accroître considérablement la connaissance scientifique et géographique de ces régions.

1878-1879

Au nom de la filiale allemande de la société internationale créée par le roi Léopold II de Belgique pour explorer l'Afrique, il est demandé à Gerhard Rohlfs de relier la Méditerranée au bassin du Congo. Il est accompagné de son neveu, le jeune Dr Anton Stecker, zoologiste, de Léopold von Csillagh (Autrichien), du serrurier Franz Eckart et d'un horloger Karl Hubner. Il découvre enfin Koufra où malheureusement l'expédition est pillée et doit rebrousser chemin.

1890

Envoyé par Sidi el Mehedi el Senoussi, fils du fondateur de la secte des Senoussis, cette mission composée de Sidi Moustafa Samallousi, Soliman

Llberiche et Sidi Martadi el Gatano a pour but de reconnaître les oasis, les points d'eau et, bien sûr, de trouver Zerzura. Elle ouvre la route des caravanes Koufra-Borkou en creusant les puits de Bouchra et de Sarra et découvre Ouenat.

1896

Venant du sud tunisien, c'est-à-dire de l'ouest, pour atteindre Koufra et aller ensuite au Ouadaï, le marquis de Morès ne peut accomplir sa mission car il est assassiné par les Touareg à El Ouatia, avant Ghadamès.

1896-1922

Tous les hivers, de 1896 à 1922, le prince Kemal el Dine, fils du khédive Hussein, a l'habitude de parcourir, en dromadaire, le nord du désert Libyque. Ses expéditions, qui ont un caractère essentiellement sportif, le conduisent à l'exploration partielle de la Grande Mer de Sable située en Libye, au sud de Jaghbub.

1899

Avec ses deux chameliers et ses trois chameaux, Jennings Bramley essaye de relier Dakhla à Koufra mais doit, comme Rohlfs, changer de route et prendre la direction de Siwa. Il découvre l'oasis inconnue Nesla qui deviendra la source Aïn Dalla.

1900

Wilfried Blunt part du Caire et prévoit de rejoindre Koufra en passant par Siwa et Jaghbub. Mais sa caravane est attaquée près de Siwa et il doit rebrousser chemin bien avant Koufra.

1911-1913

1) Harding King est le premier explorateur à prospecter sur trois cent vingt kilomètres au sud-ouest de Dakhla où il découvre une très vieille piste qui continue en direction du Tibesti et d'où viennent des oiseaux. Comme certains d'entre eux contiennent dans leur estomac des fruits ressemblant à des olives, il suppute l'existence, dans cette direction, d'une « oasis aux olives » qui serait peut-être Zerzura. Il conduit de nombreuses enquêtes auprès des habitants de Dakhla et rassemble beaucoup de documents sur cette oasis mythique et dont une synthèse se trouve dans son ouvrage *Mysteries of the Libyan Desert*. Mais, à la fin de ses travaux, il pense plutôt que Zerzura est un nom générique pour désigner une oasis.

2) Bien qu'Égyptien, le prince Kemal el Dine ne peut pénétrer à Koufra que grâce à une lettre de recommandation du Grand Senoussi Sayed Idris. Le prince y emmène l'écrivain anglais Rosita Forbes, déguisée en Bédouine, qu'il fait passer pour sa femme, musulmane. Cette mission rapporte de nombreuses informations d'ordre géographique.

1915

Le lieutenant Foucher de la mission Tilho fait la reconnaissance, en venant du sud, du puits de Sarra. Il est également le premier à avoir signalé l'existence, au sud de l'Égypte, d'un massif montagneux appelé Ouenat.

1915-1917

C'est la guerre. Pendant l'offensive des Senoussis, les patrouilles de l'armée britannique, équipées de véhicules Ford, sillonnent les abords de Dakhla, sur une distance de trois cent vingt kilomètres. Partridge et Williams parcourent le nord du désert tandis le Dr Ball et le lieutenant Moore en surveillent la partie centrale. Contournant la Grande Mer de Sable, ils découvrent Abou Ballas.

1921

Accompagné du colonel Macdonnel, Lancey Forth part à la recherche de Zerzura au sud de Siwa, son but étant d'aller aussi loin que ses chameaux le permettront et si possible jusqu'à trois cent vingt kilomètres au sud de Siwa. Mais il doit s'arrêter après n'avoir pénétré que de cent soixante kilomètres dans ce désert, sans avoir trouvé Zerzura.

1922-1923

1) Hassanein Bey part, le 21 décembre 1922, de Sollum sur la Méditerranée et se rend à Siwa. Il est accompagné de son cheval arabe, Baraka, et de sa mascotte, le chien Bibo. Soukar est son guide pour le trajet de sa caravane composée de quinze hommes et de trente-sept chameaux, qui les conduit via Djalo, le puits de Zieghen et Koufra jusqu'à deux oasis qui, jusqu'alors, n'étaient connues que des seuls Bédouins : l'Arkenu et l'Ouenat. Dans ce dernier massif, atteint le 29 avril 1923, vivent cent cinquante Gouranes avec leur chef Hery. Celui-ci accompagnera la caravane pour la suite du trajet qui passe par Erdi, Bao (en A. E. F.), Kuttum, El Fasher, et enfin El Obeid où ils arriveront fin juillet.

2) Lancey Forth fait une nouvelle tentative pour chercher Zerzura, non plus au sud de Siwa mais à l'ouest d'Abou Moungar et de Dakhla. Mais l'oasis resta introuvable.

Le prince Kémal el Dine en 1923 est le premier à utiliser l'automobile pour explorer le désert Libyque

1923

1) Bruneau de Laborie traverse le désert du sud au nord : parti du Ouadaï, il atteint Alexandrie après être passé à Tekrou, au puits de Sarra et à Koufra : il est le troisième Européen à entrer à Koufra et cela même sans lettre d'introduction. Les « frères » le laisse aller à Benghazi mais ce constant passage des étrangers dérangent les Sénoussis qui vont dorénavant interdire la traversée de Koufra aux non-musulmans.

2) Si, jusqu'à présent, sauf exception pendant la guerre, le chameau est le « véhicule » de prédilection pour la traversée de ces milieux hostiles, le prince Kemal el Dine va maintenant conduire une expédition très mécanisée. Il est accompagné de C. S. Jarvis, du Dr John Ball, de Fairman et de chauffeurs de diverses nationalités qui auront fort à faire avec les six véhicules Ford à pneus ballon et les trois autochenilles Citroën équipées de chenilles Kégresse. Ce voyage a trois objectifs :

a- trouver une piste permettant de rejoindre l'oasis des Sénoussis ;

b- localiser l'oasis Zerzura supposée exister à deux cents miles à l'ouest de Dakhla ;

c- suivre les traces de Rohlfs pour découvrir le document laissé par lui, dans une bouteille, à Regenfeld, en février 1874.

Aucun de ces objectifs n'est atteint.

1924

1) Lancey Forth, accompagné du capitaine Hatton, repart pour la deuxième fois à la recherche de Zerzura au sud de Siwa. Il réussit, cette fois-ci, à pénétrer dans le désert sur trois cent vingt kilomètres mais ne trouve pas l'oasis.

2) Le prince Kemal el Dine repart en janvier du Caire avec ses véhicules Ford et ses autochenilles pour une nouvelle expédition dans le but de localiser Regenfeld et les vestiges que l'expédition de Rohlfs y aurait laissés. Il trouve des caisses et du matériel et surtout le cairn renfermant une bouteille contenant le texte de Rohlfs qui signale son passage en ce lieu, donne les coordonnées du site et rappelle l'impressionnante pluie qui les cloua sur place.

1924-1925

C'est une expédition lourde et scientifique qui, sous la direction du prince Kemal el Dine, quitte le Caire le 29 décembre 1924. Elle comprend vingt personnes dont le Dr John Ball, chef du Desert Survey, qui est chargé des relevés astronomiques et de l'itinéraire, un médecin le Dr Charaf, Louis Chapuis qui avait effectué en 1923 le raid transsaharien avec Haardt et Audouin Dubreuil, huit mécaniciens français et le personnel de service. L'expédition est équipée de huit autochenilles Citroën de 10 CV, d'une Ford torpédo à pont démultiplié et comprend tout le matériel scientifique nécessaire tel que théodolites, TSF Marconi, boussoles, baromètres, thermomètres, télémètre militaire Zeiss, etc.

Le trajet Le Caire-Kharga se fait en train ; à Kharga, l'expédition emprunte la Darb el Arba'in, passe par le puits Sheb et Bir Terfawi pour atteindre l'Ouenat le 17 janvier 1925 : de là elle se dirige vers l'Ennedi et l'oasis de Merga où le groupe arrive le 14 février 1925. Seule connue jusque-là des nomades – mais la rumeur veut qu'un Crétois y soit passé en 1916 – cette oasis s'étend sur trente kilomètres, possède un lac salé mais on y trouve de l'eau douce à un mètre de profondeur. L'oasis est normalement inhabitée, mais les palmiers appartiennent aux Kababiches. L'expédition revient sur Bir Terfawi et est de retour, à Kharga, le 7 mars.

1925-1926

Ce deuxième voyage du prince Kemal el Dine dans la partie centrale du désert Libyque a pour but de compléter l'exploration du massif de l'Ouenat et d'atteindre, en venant de l'est, le puits de Sarra, reconnu en 1914 par le lieutenant Foucher et, en 1923, par Bruneau de Laborie. L'expédition comprend dix-huit personnes : le topographe Mascarel, Menchikoff, géodésien et géologue, le Dr Privé, médecin, du personnel français composé d'un chef mécanicien et de six mécaniciens, d'un radio-télégraphiste et d'un cuisinier, de quatre domestiques indigènes et du Zoueia Omar Abou Abdallah qui a déjà accompagné le prince l'année d'avant et qui connaît bien l'Ouenat et le puits de Sarra.

Elle est équipée de sept autochenilles Citroën de 10 CV, d'une torpédo de 10 CV à six roues, de matériel de campement, et, bien sûr, des instruments scientifiques habituels (à signaler, un astrolabe à prismes). Mais de plus, cent vingt chameaux vont suivre l'expédition de Dakhla à l'Ouenat, portant les approvisionnements nécessaires pour terminer l'expédition.

Celle-ci part du Caire par chemin de fer, le 26 décembre 1925, à destination de Kharga et de là, la caravane va à Dakhla et Mout qu'elle quitte le 30 décembre pour le lieu-dit « La Passe des Australiens », s'arrête à Abou Ballas puis se dirige vers l'Ouenat où elle séjourne jusqu'au 15 février, le temps de faire le relevé de ce massif de mille neuf cent sept mètres de hauteur et d'explorer ses sources : il y en a huit, dont une seule sur le versant sud-ouest : Aïn Doua. Puis la caravane va au puits de Sarra et revient à Kharga le 23 février où elle reprend le chemin de fer pour Le Caire. C'est un circuit – hors chemin de fer – de deux mille huit cents kilomètres !

1927

Ralph Bagnold rentre de mission des Indes et souhaite essayer de nouveaux véhicules Ford dans des conditions difficiles ; il vient du Sinaï et, accompagné de ses amis, V. C. Holland, E. Bader, B. B. Kennett, R. J. Mausell et G. W. D. Jennings, il parcourt à peu près le trajet qu'avait suivi Alexandre le Grand : Le Caire-Alexandrie-Melfa-Siwa-piste caravanière Masrab Mahashash-Qara-Le Caire.

1927/1928

Douglas Newbold et W. Bill Kennedy Shaw partent à la recherche de Zerzura dans la région d'El Obeid, du wadi Halfa et au nord-ouest de Laquya, mais nous n'avons pas d'informations plus précises sur cette expédition.

1928

Sous la conduite scientifique de N. D. Simpson, botaniste du Cotton Research Board, une équipe est constituée. Elle se compose de F. Shaw et Mistakowi, entomologistes, de Leblanc de chez Renault, accompagné de ses mécaniciens, d'un cuisinier et de Thomas, un pilote de la R A F. Le but de cette expédition est de combattre une invasion de sauterelles et les services officiels étant moins bons connaisseurs du désert que les explorateurs anglais, il est demandé à Ralph Bagnold de les accompagner comme navigateur. Équipée de trois camions Renault à six roues, l'équipe part du Caire le 18 janvier en bateau, d'abord, puis en chemin de fer, jusqu'à Kharga. De là, elle se dirige sur Bir Terfawi, le puits de Sheb et revient à Kharga par la Darb el Arba'in.

1929

1) Géologue, Beadnell avait à son actif le forage de nombreux puits à eau. Avant de terminer son contrat avec les autorités égyptiennes, il décide de

visiter tous les sites au sud-ouest de Bir Terfawi et de Bir Messaha proposés par Newbold et Borchardt comme pouvant abriter une oasis et, pourquoi pas, cette mystérieuse Zerzura. Il fait remarquer que les tamaris et autres arbustes sont peut-être les reliques d'une oasis datant d'une époque où la nappe phréatique était plus proche de la surface.

2) C'est une mission courte, le but étant de profiter des vacances de certains des participants pour tester dans le désert les nouvelles Ford A, plus modernes, qui devaient remplacer les Ford T. Dirigée par le major Bagnold, cette mission comprend six personnes : les capitaines Craig et Giblin, les lieutenants Burridge, Fernie et Prendergast. En plus des deux Ford, il y a aussi un véhicule de tourisme, Ford également. La mission part en novembre du Caire pour un trajet qui s'effectue essentiellement dans le nord du désert Libyque : dunes de Ramak-Gebel Misawag, Alam el Ghard, Mont Ehrenberg, Aïn Dalla, Le Caire. À part les nouveaux points géodésiques qui sont réalisés grâce à un théodolite et à un récepteur ondes courtes pour les signaux horaires, cette mission est trop courte pour en rapporter d'autres faits nouveaux.

3) László de Almásy et le prince Ferdinand de Liechtenstein, accompagnés du guide Mohammed Osman Hasan et de Fadlallah, partent le 2 juin de la ville d'Halfa pour l'oasis de Selima en passant par le Gebel el Magdud (la montagne percée). De là, ils se dirigent vers le puits de Qasaba et cherchent ensuite Bir Murr, une source qui doit se situer très près de la Darb el Arba'in. Cette piste, marquée par les squelettes de chameaux et d'esclaves, leur réserve une surprise : ils y trouvent, croisant la piste, les traces des autochenilles

Halte du soir au creux d'une dune de la Grande Mer de Sable.

Citroën du prince Kemal el Dine et d'une voiture à six roues, datant de l'une de ses expéditions antérieures. Elles les aident à trouver Bir Murr. De là, ils vont à Kharga où se termine cette expédition.

1930

Le major Bagnold est accompagné de D. Newbold, W. B. K. Shaw, Prendergast, Dwyer et du capitaine V. C. Holland. La mission est équipée de trois châssis de Ford transformés et utilise, pour « naviguer », la boussole solaire inventée par Bagnold. Elle quitte Le Caire le 13 octobre pour Baharia, Aïn Dalla, Ammonite Hill, Twin Hill Gilf, Ouenat, Ain Doua, Gebel Kissu-Burg el Tiyur, Selima, Halfa, Selima, Darb el Arba'in, Sheb, Kharga, Assiout. Cette mission se termine au Caire le 15 novembre.

1932

1) Cette expédition organisée par László de Almásy a pour but la recherche de Zerzura. Elle comprend un excellent connaisseur du Gilf Kebir, Patrick Clayton, ainsi que Sir Robert Clayton East Clayton, Penderel, Manufli, Hassan, Mohammed Eid et Abou Fudeil ; elle est équipée de trois véhicules légers Ford et d'un avion, le *Gipsy-Moth*. Elle part de Kharga, le 12 avril 1932, pour Bir Messaha, le Gilf Kebir et les massifs Peter and Paul. Tandis qu'Almásy fait, avec Abou Fudeil, Hasan Id et Manufli un aller et retour sur Koufra pour chercher du ravitaillement, l'équipe restée sur place, découvre depuis l'avion un wadi très boisé et en aperçoit un autre, plus à l'est (c'est le wadi Abd el Melik).

2) Ralph Bagnold organise un voyage en grande partie consacré aux études concernant la formation et le déplacement des dunes. Il est accompagné de Ruppert Harding Newman du Royal Tank Corps, de W. B. E. Shaw, du

Dr K. S. Sandford, et de J. E. H. Boustead, V. F. Graig et D. R. Paterson. Équipés de quatre véhicules Ford, ils quittent Le Caire le 27 septembre 1932 pour le Fayoum, la traversée de la dune Abou Mouharik, puis Kharga. De là, ils se dirigent vers le gebel Ouenat, le gebel Kissou, explorent un triangle à l'ouest du puits de Sarra, reviennent à Ouenat et se dirigent sur El Fasher où ils arrivent le 7 novembre 1932 après avoir parcouru neuf mille six cents kilomètres dont huit mille kilomètres en terrain vierge.

1933

1) Cette expédition doit reconnaître plus à fond le wadi aux nombreux acacias aperçu d'avion l'année précédente. Elle est composée de László de Almásy, de H. Penderel, du chroniqueur R. Bermann, du photographe Casparius, du géographe László Kádár et de trois indigènes : elle est équipée de quatre véhicules Ford. Elle commence le 14 mars 1933 et va découvrir les wadis Abd el Melik et Talh. Elle a cherché le troisième wadi mais elle ne l'a pas trouvé.

2) À la suite du décès de son mari, Lady Dorothy Clayton veut poursuivre la recherche de Zerzura. Elle se déroule presque simultanément avec celle dont nous venons de parler. C'est Patrick Clayton qui est chargé de monter cette expédition à laquelle participent Lady Dorothy Clayton, Roundell, Manufli, Hassan, Abou Fudeil, Obeid, Hasan Id, Hussain ainsi que quatre autres Arabes. L'expédition dispose de six véhicules Ford, deux appartenant à Lady Clayton, ainsi que de chameaux, et elle se déroulera à cheval sur mars et avril 1933. Du Caire, l'expédition se dirige sur Baharia, Aïn Dalla, traverse la Grande Mer de Sable, explore le Gilf Kebir et revient au Caire via Koufra et Siwa. C'est au cours de cette expédition qu'est découvert le troisième wadi, le wadi Hamra (wadi rouge).

3) Cette expédition à but préhistorique a pour objectif de montrer aux spécialistes les découvertes que László de Almásy avait faites dans l'Ouenat et au Gilf Kebir. Il va donc amener Leo Frobenius, le Dr H. Rhotert et l'artiste peintre mademoiselle Pauli à Aïn Doua, à Karkur Talh, puis, après un crochet jusqu'à Koufra, ils iront au wadi Sura.

1934

1) C'est la quatrième expédition que László de Almásy organise dans la partie ouest du Gilf Kebir. Il forme d'ailleurs deux groupes et, comme d'habitude, utilise des véhicules Ford.

Le premier groupe, confié à l'ingénieur allemand Hansjoachim von der Esch, explore le sud-ouest du Gilf et, comme il doit pénétrer en territoire italien, il s'adjoint le capitaine Parola. Il a un excellent cuisinier, Mahmoud, l'ancien cuisinier de Kemal el Dine.

La seconde équipe explore le nord-ouest du Gilf. László de Almásy est accompagné d'un alpiniste suisse, Heller, d'un correspondant d'un journal arabe, Sobchi, et des chauffeurs Sabir et Selim. Almásy veut parcourir le wadi Talh et cartographier les trois wadis. Almásy et Heller atteignent l'un des wadis en escaladant le plateau, mais ils ont bien failli mourir de soif.

Avec cette dernière expédition, les trois wadis qui, d'après Wilkinson, sont supposés former Zerzura, sont découverts.

2) Alors que toutes les expéditions utilisent maintenant des véhicules automobiles, Orde Wingate préfère continuer ses explorations en chameaux. Son guide s'appelle Es Senoussi Abdullah et, pour sa cartographie, il utilise un théodolite pour faire le point et une roue munie d'un compteur pour mesurer les distances parcourues. Si tous ses collègues cherchent une oasis de pluie, lui

Tea time dans l'oued pour la mission Mason en 1936

continue à espérer qu'il trouvera une véritable oasis permanente, dans la Grande Mer de Sable. Il commence par chercher Zerzura à trois cent vingt kilomètres. Il part d'Abou Moungar le 1er février, traverse vingt-deux cordons de dunes. Il est de retour le 6 mars à Maihub, proche de Dakhla. Il ne trouve pas Zerzura mais fait de nombreuses observations sur les plantes et les oiseaux.

1935

Cette expédition comprend William Bill Kennedy Shaw, le lieutenant R. N. Harding Newman du Royal Tank Corps, le lieutenant M. H. Mason, R. E. McEuen, le colonel et Mme G. A. Strutt. Ils utilisent trois Ford de 24 CV, à quatre cylindres, montées sur des pneus ballon de vingt-trois centimètres de large, toutes surchargées à plus d'une tonne (recommandation du constructeur : sept cent cinquante kilogrammes sur bonne route !). Ils ont de l'eau pour dix-huit jours, de la nourriture pour huit semaines et de l'essence correspondant à deux mille kilomètres par voiture.

Ils quittent Le Caire le 14 janvier et empruntent le parcours suivant : Assiout, Kharga, Dakhla, Abou Ballas, face est du Gilf Kebir, wadi Hamra et se dirigent vers un point bas qui se trouverait au sud-est d'Ouenat : mais Zerzura ne s'y trouve pas ! De là, ils vont à l'oasis de Selima puis au wadi Hawa : c'est le 10 février, Strutt fait une chute qui lui casse deux côtes ; il est évacué sur El Fasher où il décède le 25 mars. Mais l'expédition continue via le gebel Tageru, le puits de Musawar, Abou Sufyan, le massif du Meidob, le cratère Malha, le wadi Magrur, l'oasis de Merga, le wadi Hussein, l'oasis de Selima (28 mars), l'Ouenat, la Grande Mer de Sable, Zeitun, pour arriver à Siwa le 5 avril. Cette expédition fut très longue puisqu'elle parcourut environ dix mille kilomètres dont près de cinq mille kilomètres dans des régions inconnues.

A partir de 1980, le Professeur Théodore Monod explore à son tour le désert Libyque. Ici avec un fragment de verre libyque.

Date non précisée, sans doute vers 1936

Après avoir étudié Hérodote et fait des enquêtes approfondies, Hansjoachim von der Esch est persuadé que l'épopée de Cambyse II a bien eu lieu. Accompagné d'Ewans Pritchard, il part à la recherche des vestiges de l'armée de Cambyse II. Les sites où il pense pouvoir trouver des témoins du passage de cette armée sont d'accès très difficile et qu'on ne peut atteindre qu'avec des chameaux bien entraînés. Il fait une mission préliminaire autant pour évaluer la qualité des chameaux qu'on lui propose que pour commencer ses recherches.

Il ne trouve rien mais revient de cette mission avec la certitude que l'expédition de Cambyse II a bien eu lieu, et il fait alors quelques suppositions sur les endroits qu'il conviendrait d'explorer.

Date non précisée, sans doute vers 1937

Hansjoachim von der Esch met László de Almásy sur cette piste mais ce dernier préfère utiliser des véhicules automobiles. Ils trouvent des alamats aux environs de Bahrein. Sont-ils de Cambyse II ? On ne le sait pas. Mais l'expédition ne peut se poursuivre car toute la région est déclarée terrain militaire et la politique s'en mêle. Les Égyptiens souhaitent désormais que, si découverte il y a, elle leur soit attribuée. László de Almásy, qui ne croit sans doute pas à la possibilité de trouver des restes de cette armée, n'en parle pas dans ses ouvrages.

1980-1998

Cherchant depuis très longtemps la possibilité d'explorer ce désert hyperaride, Théodore Monod découvre l'existence d'une organisation basée en Allemagne offrant toutes les garanties nécessaires pour parcourir ces régions.

À partir de 1980, il accompagne, tous les ans, les expéditions « Lama » – du nom du responsable, Samir Lama – et il oriente les voyages en fonction des objectifs majeurs qu'il s'est fixés :

— l'étude du verre libyque ;

— l'exploration des wadis boisés du Gilf Kebir ;

— l'exploration des cratères volcaniques dits de « Clayton » ;

— l'exploration du gebel Ouenat ;

— l'étude du lac de l'oasis de Merga ;

— l'exploration du cratère Malha.

Bien sûr, la recherche de Zerzura reste toujours présente à son esprit. Ses nombreux voyages lui ont permis de faire progresser considérablement les connaissances sur ce désert, en particulier en ce qui concerne le verre libyque et la flore du Gilf Kebir. Nous donnons ci-dessous quelques détails sur certains de ces voyages.

1980 – 2000

Pendant vingt ans – et cela continue – les chercheurs des universités de Berlin et de Cologne, sous la direction des docteurs Rudolph Kuper et Stefan Kröpelin ont parcouru la presque totalité de ce désert. Ils ont également effectués de très nombreux travaux au Soudan où Stefan Kröpelin, en particulier, a passé presqu'autant de temps. Si les vingt expéditions – totalisant un séjour de plusieurs années sur place – avaient essentiellement des buts géologiques, climatologiques et archéologiques, elles n'en gardaient pas moins à l'esprit la recherche de Zerzura ou d'autres sites humides.

Leur idée est que dans ce désert de l'ouest – c'est ainsi que l'appellent les Égyptiens – il y aurait pu y avoir des centaines, peut-être même des milliers d'oasis qui ont depuis la fin de la période humide – vers 4000 ans av. J.-C. –

progressivement disparu. On peut penser que toutes les playas, ces anciens rivages, sont les témoins d'anciens lac temporaires autour desquels devaient se trouver des oasis où des hommes s'étaient établis.

1993

Après avoir décidé de faire un livre sur cette région, une expédition de quatre véhicules est mise sur pied par Samir et Wally Lama. Théodore Monod sera accompagné d'un grand reporter, Jean-François Sers, d'un photographe, Pascal Tournaire, de quelques bons connaisseurs du désert, en particulier, Rolf Bald de Berlin, Gérard et Lore Beringer de Francfort-sur-le-Main et de quelques amis dont le géophysicien Edmond Diemer. Les quatre véhicules tout-terrain sont conduits par Samir Lama, Wally Lama, Gérard Beringer et Farouk, un excellent chauffeur égyptien et un bon compagnon de voyage.

« Partie du Caire le 27 février, la caravane emprunte l'immense dune Abou Muharik, descend la falaise baptisée "Le Passage des fous" à cause de son impressionnante déclivité. Elle visite la grotte Djara, où Rohlfs avait fêté Noël en 1873. Invités à Dakhla dans la famille de Farouk, nous avons droit à un repas composé de plats pharaoniques. Nous quittons ensuite ces lieux habités, traversons un reg aux nombreuses buttes témoins pour en visiter une bien particulière, Abou Ballas, au pied de laquelle se trouve un mystérieux dépôt de poteries et où l'on peut également admirer de belles gravures rupestres. Nous poursuivons la traversée de ce reg de grès nubiens pour atteindre le Gilf Kebir et visiter le curieux wadi Bakht, fermé par une digue naturelle de sable argileux et derrière laquelle on découvre ce qui doit être le fond du lac dont les rives recèlent de nombreux témoins de l'occupation humaine au néolithique. Nous nous engageons ensuite dans le wadi Hamra qui porte bien son nom, le sable étant

Théodore Monod et Edmond Diemer au cours d'une récente expédition.

très rouge. On y trouve de nombreux acacias, dont beaucoup portent des quantités impressionnantes de fruits. Puis nous quittons le Gilf Kebir pour l'immense Grande Mer de Sable. Au milieu des gravillons qui jonchent les couloirs interdunaires, nous découvrons des morceaux de ce célèbre verre libyque, souvent de couleur jaune-vert, et qui s'est sans doute formé par la fusion de la roche en place lors de l'impact, il y a vingt-huit millions d'années, d'une météorite ou d'une comète. Après avoir traversé une vingtaine de cordons dunaires, nous retrouvons la civilisation à Farafra, puis après une belle nuit dans le désert Blanc, avec ses immenses champignons de calcaire, nous remontons sur Le Caire que nous atteignons le 19 mars. »

1994

Le 28 février, l'équipe de Lama Expedition, dirigée par Théodore Monod et qu'accompagne Edmond Diemer, quitte Le Caire avec ses trois véhicules conduits par Gérard Beringer, Samir et Wally Lama.

« Nous nous engageons d'abord dans un wadi profond, véritable "marmite de géants", sur la face est du Gilf Kebir et où l'on trouve quelques plantes, tandis que sur le plateau environnant, de nombreux artefacts témoignent d'une occupation humaine. Ce site était sans doute très habité aux temps préhistoriques mais cette région était-elle encore suffisamment verte, il y a quelques centaines d'années pour que l'on puisse la qualifier d'oasis ? Prudemment, nous l'appellerons la "Cascade" tandis que nos amis italiens la baptiseront "Zerzura 1".

Nous explorons ensuite le cratère El Baz situé à environ cent cinquante kilomètres au sud-est des couloirs interdunaires où l'on trouve le verre libyque. Y a-t-il une relation quelconque entre le verre et ce cratère ? Nous pourrons très vite répondre par la négative car le basalte très typique qui forme ce cratère prouve son origine volcanique. Il n'a donc rien à voir avec le verre libyque. Nous faisons un tour sur les sites à verre afin de recueillir quelques petits échantillons qui seront confiés à divers laboratoires, puis nous allons visiter quelques oasis de fraîcheur, bien connues, et que l'on doit à l'existence des puits Bir Terfawi et Bir Messaha. Nous remontons vers le nord, retrouvons Abou Ballas et partons à la recherche du cairn de Regenfeld où, en 1874, Gerhard Rohlfs avait été surpris par la pluie. Nous y découvrons les traces de son séjour et celles du passage de quelques autres expéditions postérieures. Nous signalons également le nôtre. Puis c'est le retour via Farafra, le désert Blanc et la remontée au Caire, via Baharia. »

1996

C'est une équipe composée de scientifiques de renom de l'Université de Cologne encadrée par les docteurs Rudolph Kuper et Stefan Kröpelin qui va, pendant trois semaines parcourir le désert. Y participent l'allemand Klaus Bokelman, le géologue égyptien Aly Barakat, le Français Y. Gauthier et les Italiens G. Negro, B. Piacenza et R. Serra. Les Italiens ont, sous l'égide de Giancarlo Negro organisé ces dernières années de nombreuses expéditions à caractère scientifique et plus généralement préhistorique. Nous leur devons également l'organisation, en 1996, avec l'université de Bologne, du congrès tenu en cette ville et dédié au verre libyque et à l'impact de 1908 à Toungouska (Sibérie).

L'expédition quitte le Caire le 24 novembre pour le Gilf Kebir, via Assiout, Kharga, Dakhla. Au Gilf Kebir, elle parcourt le wadi Bakht, puis, après un arrêt aux "Clayton craters", passe au monument du prince Kemal el Dine et explore sur la face ouest du Gilf Kebir les abris à peintures du wadi Sura et des sites voisins. Elle redécouvre, du côté est du Gilf Kebir, l'abri Magharat el Kantara – appelé aussi "Shaw's Cave" en l'honneur du premier découvreur - et localise sa position au GPS. Elle parcourt ensuite les deux wadis, "Zerzura I et "Zerzura II" encore relativement verts et qui pourraient avoir été des oasis. L'expédition revient à Dakhla, visite la nécropole de Bagawat proche de Kharga et arrive au Caire le 16 décembre après avoir passé par le Gebel el Teir et El Sheik.

1998

1) Cette expédition conduite par Théodore Monod en janvier et février, toujours assisté d'Edmond Diemer a, entre autres, pour but d'explorer le site que les Italiens appellent »Zerzura II» mais que lui se contente d'appeler le wadi sans nom. Le parcourir permet de compléter les connaissances acquises sur la flore de la région. Théodore Monod y retrouve, entre autres, un acacia au port particulier et déjà observé ailleurs. Plus vert que les espaces environnants, il n'est cependant pas possible de dire si, aux temps plus anciens, ce wadi pouvait avoir été une oasis.

2) Du 17 octobre au 4 novembre, une expédition montée par Philippe et Pauline de Flers parcourt ce désert, visite la grotte Djara découverte en 1873 par l'expédition Rohlfs, le temple d'Hibis, la nécropole de Bagawat et, en particulier, étudie des vestiges archéologiques situés à proximité des oasis. Edmond Diemer et Peter Clayton, accompagné de son épouse Pamela font également partie de cette mission.

Théodore Monod étudiant la flore locale

2000

Partie du Caire le 4 février, cette expédition est programmée par Théodore Monod. Il ne pourra finalement y participer et c'est Edmond Diemer qui en prendra la direction. Elle a pour but une reconnaissance détaillée du wadi Abd el Melik qui, d'après László de Almásy, et confirmé par les dires d'Ibrahim Abd el Melik, a peut-être été le site de Zerzura. Au passage, l'équipe visite le temple d'Hibis et la nécropole de Bagawat, tout deux proches de Kharga, puis, après Dakhla, l'un des cratères volcaniques de Clayton, enfin le wadi Sura et les sites où ont travaillé László de Almásy et Leo Frobenius. Elle monte ensuite sur le plateau du Gilf Kebir par la passe d'Aqaba et descend dans le wadi Abd el Melik par le Monod-Lama pass. Ce wadi Abd el Melik compte actuellement environs mille quatre cents *Acacias tortilis, ssp raddiana* ; malheureusement beaucoup d'entre eux sont en très mauvaise santé. Il y a malgré tout de jeunes pousses qui semblent mieux se porter que leurs aînés. Que vont-ils devenir ? Il faudra revenir dans deux ans pour évaluer leur état. L'expédition quitte le wadi Abd el Melik par le wadi Gubba, traverse rapidement la zone à verre libyque et se dirige vers Qâret el Hanash afin de prélever quelques échantillons de brèche, pouvant être en relation avec le verre libyque. Puis c'est le retour au Caire, le 19 février, via Farafra, le désert Blanc et Baharia.

Expédition T. Monod-E. Diemer à l'approche
du Gilf el Kebir

ZERZURA ET LE DÉSERT LIBYQUE BIBLIOGRAPHIE

Almásy, László A. de, 1936, *Récentes explorations dans le désert Libyque (1932-1936)*, Le Caire, 97 p., 3 photos, 17 pl., 1 carte h.t. Cet ouvrage a été rédigé en anglais, revu par H. Munier, secrétaire général de la Société Royale de Géographie d'Égypte laquelle a publié cet ouvrage. Il a été traduit en français par J. Lozach.

Almásy, László A. de 1940, *Unbekannte Sahara. Mit Flugzeug und Auto in der Libyschen Wüste. Bearbeitet von Hansjoachim von der Esch*, 2e édition, 216 p., 89 fig., 2 cartes, édition retravaillée par Hansjoachim von der Esch, à partir de l'édition hongroise intitulée *Ismeretlen Szahara,* Brockhaus, Leipzig. C'est cette édition de 1940 que nous avons utilisée.

Almásy, László A. de, 1942, *Unbekannte Sahara. Mit Flugzeug und Auto in der Libyschen Wüste. Bearbeitet von Hans Joachim von der Esch*, 3e édition, 216 p., 91 fig., 2 cartes, index (il n'existait pas dans l'édition de 1940). Éditeur : Brockhaus Leipzig.

Almásy, László A. de, 1998, *Schwimmer in der Wüste*, 383 p. C'est une réédition d'*Unbekannte Sahara*, plus proche de l'édition hongroise et plus complète que celles de 1940 et 1942. Éditeur : Deutscher Taschenbuch Verlag.

Anonyme, *Histoire de l'oasis Siwa*, 1450. C'est un manuscrit du 15e siècle qui cite les raids des Tébous et évoque des villes enfouies dans le Ard el Ghaffar, au sud des oasis libyennes.

Anonyme, 1907. Il s'agit d'un livre des trésors en 2 volumes, le premier donnant le texte arabe, le deuxième le texte français sous le titre *Livre des perles enfouies et du mystère précieux au sujet des indications, des cachettes, des trouvailles et trésors*. Cet ouvrage, paru au Caire en 1907 au service des Antiquités égyptiennes, a été publié et traduit par Ahmed Bey Kamal.

Bagnold, Major R. A., 1931, « Journeys in the Libyan Desert 1929 and 1930 : A paper read at the Evening Meeting of the Society on 20 April », *The Geographical Journal*, vol. 78, p. 15-39.

Bagnold, Major R. A., 1933, « A further Journey to the Libyan Desert », *The Geographical Journal*, vol. 83, n°2 (août), p. 103-129, 3 fig., 22 photos, et n°3 (septembre), p. 211-235, 5 photos, 1 carte h.t.

Bagnold, Ralph A., 1935, *Libyan Sands, Travel in a Dead World*, nouvelle édition imprimée en 1987 (avec un épilogue de cette date), 288 p., 5 cartes, nombreuses photos. Éditeur : The Bath Press, Lower Bristol Road, Bath BA2 3BL. ISBN 0 902743 600.

Bagnold R. A., 1937, « The last of Zerzura Legend ». Cet article est un compte rendu paru dans *The Geographical Journal*, vol. 89, p. 265-268, de l'ouvrage de A. László de Almásy, *Récentes explorations dans le désert Libyque (1932-1936)*.

Bagnold R. A., Myers O. H., Peel R. F., Winkler H. E., 1939, « An expedition to the Gilf Kebir and Uweinat », *The Geographical Journal*, vol. 93, p. 281-313, 1 croquis, 12 photos, 4 fig., 1 carte h.t. (échelle 1 : 1000000).

Ball, John, 1927, « Problems of the Libyan Desert », *The Geographical Journal*, vol. 70, p. 21-38, p. 105-128 et p. 209-224, 1 carte h.t. en couleur, p. 97.

Ball, John, 1928, « Remarks on "lost" oases of the Libyan Desert », *The Geographical Journal*, vol. 72, p. 244-258.

Beadnell H. J. L., 1931, « Zerzura», *The Geographical Journal*, vol. 77, p. 245-250.

Bermann R. A., 1934, « Historic problems of the Libyan Desert », *The Geographical Journal*, vol. 83, p. 456-470.

Bodenstedt, 1993, « Die Krüge der Pharaonen : Abu Ballas – ein Tonkrugdepot aus altägyptischer Zeit in der Sahara. Die Literaturquellen zur Messingstadt », article de 12 p., non publié et communiqué par son auteur.

Bodenstedt, 1993, « Der ursprüngliche Bericht über die Messingstadt », article de 2 p., non publié et communiqué par son auteur.

Borchardt Paul, 1929, « Oasen und Wege der Südlichen Libyschen Wüste », *Petermann's Geographische Mitteilungen*, cahier 11/12.

Clayton East Clayton, Lady Dorothy, 1933, « The lost oasis. Across the Sandsea, (posthumous narrative) ». Article paru dans *The Times* du 6 septembre 1933, et reproduit dans le livre de Peter Clayton, 1998, *Desert Explorer, A Biography of Colonel P. A. Clayton.*

Clayton East Clayton, Sir A. Robert, 1932, « The lost oasis, a search in the desert ». Article paru dans *The Times* du 6 juillet 1932 et reproduit dans le livre de Peter Clayton, 1998, *Desert Explorer, A Biography of Colonel P. A. Clayton.*

Clayton East Clayton, Sir A. Robert, 1933, « A reconnaissance of the Gilf Kebir by the late Clayton East Clayton », *The Geographical Journal*, vol. 81, p. 249-254, 2 photos.

Clayton P. A., 1933, « The western side of the Gilf Kebir », *The Geographical Journal*, vol. 81, p. 254-259, 4 photos, 1 carte.

Clayton Peter, 1998, « Desert Explorer, a Biography of Colonel P. A. Clayton (1896-1962) », 193 p., 36 photos, 5 cartes. Éditeur : Zerzura Press en association avec le Self Publis. Network, UK, Corfe Mullen, Dorset.

Daressy, 1917/1918, « Indications Topographiques du Livre des Perles Enfouies », *Bulletin de l'institut Français d'Archéologie orientale*, vol. 13, p.173-230 et vol. 14, p. 16 et suivantes, 3 cartes, Le Caire.

El Bekri, 1913, *Description de l'Afrique septentrionale, traduite par Mac. Guckin de Slane (baron). Édition revue et corrigée*, 377 pages. Typographe : Adolphe Jourdan, Alger.

Esch, Hansjoaquim von der, 1941, *Weenak, die Karawane ruft. Auf verschollenen Pfaden durch Ägyptens Wüsten*, 304 p., 118 fig., 9 cartes. Éditeur : Brockhaus, Leipzig.

Fakhry A., 1973, *The oases of Egypt, vol. I : Siwa Oasis*, 214 p. Éditeur : The American University in Cairo Press.

Forbes Rosita, 1921, *The Secret of the Sahara : Kufara. Author of « Unconducted Wanderers »*, 350 p., 76 photos, 1 carte. Éditeur : Cassel and Company, Ltd. Londres, New York, Toronto et Melbourne.

Forth, Lieut.-Colonel N. B. de Lancey, 1930, « More journeys in search of Zerzura », *The Geographical Journal*, vol. 75, p. 48-59, 3 fig., 5 photos.

Forth, Nevill de Rouen, 1991, *A fighting colonel of Camel Corps*, 201 p., nombreuses figures et photos, cartes, bibliographie, index. Éditeur : Merlin Books Ltd. Braunton, Devon.

Gaudefroy-Demombynes Maurice, 1911: *Les Cent et Une Nuits, présentation et traduction de l'Arabe par Gaudefroy-Demombynes*. Éditeur : Guilmoto, Paris.

Hassanein Bey, A. M., 1924, « Crossing the untraversed Libyan Desert. The record of a 2.200-Mile Journey of Exploration which Resulted in the Discovery of Two Oases of Strategic Importance on the South-western Frontier of Egypt », *The National Geographic Magazine*, vol. 46, n° 3 (septembre), p. 233-257 et 268-277, 35 photos de l'auteur, 1 carte.

Hassanein Bey, A. M., 1925, *The lost Oases*, 316 p., 33 photos, 1 carte h.t. Londres.

Hassanein Bey, A. M., 1926, *Rätsel der Wüste*, 319 p., 46 fig., 1 carte, traduction de l'ouvrage ci-dessus. Éditeur : F. A. Brockhaus, Leipzig. C'est cet ouvrage que nous avons utilisé.

Haynes, C. Vance, 1989, Oyo, « A "lost" oasis of the southern Libyan Desert », *The Geographical Journal*, vol. 155, p.189-195, 2 fig., 2 photos.

Hoellriegel Arnold (alias Richard Bermann), 1938, *Zarzura, die Oase der kleinen Vögel*, 216 p., 77 photos de Hans Casparius, 1 carte de László Kádár. Éditeur : Orell Füssli Verlag, Zurich.

Jarvis C. S., 1936 (première édition), *Three deserts*, 313 pages, 7 dessins, 1 carte schématique. Éditeur : John Murray.

Johnson Pasha E. A., 1930, « Zerzura », *The Geographical Journal,* vol. 75, p. 59-61.

Kemal el Dine, Hussein (prince), 1928, « L'exploration du Désert de Libye (Note du prince Kemal el Dine Hussein) », *La Géographie* (c'est le bulletin mensuel de la société de géographie), vol. 50, p. 171-183 (4 photos, une carte) et p. 320-336 (9 photos, carte d'Ouenat).

King W. J. Harding, 1912, « Travels in the Libyan Desert », *The Geographical Journal,* vol. 39, p. 133-137, 1 carte p. 192.

King W. J. Harding, F.R.G.S., 1913, « The Libyan Desert from native information », *The Geographical Journal,* vol. 42, p. 277-283, 1 carte h.t. Correspond aux missions des hivers 1909 à 1912.

King W. J. Harding, 1925, *The Mysteries of the Libyan Desert, a record of three years of exploration in the heart of that vast and waterless region,* 348 p., 59 illustrations, 2 cartes h.t. Éditeur : Seely, Service and Co Ltd., Londres.

King W. J. Harding, 1925, « The Dakhla-Uweinat road », *The Geographical Journal,* vol. 65, p. 153-156.

King W. J. Harding, 1928, « Lost oases of the Libyan Desert », *The Geographical Journal,* vol. 72, p. 244-258.

King W. J. Harding, 1930, « The lost oases », *The Geographical Journal,* vol. 75, p. 61-64.

Mason Michael M., 1936, *The Paradise of Fools,* 282 p., beaucoup de photographies. Éditeur : Hodder and Stoughton, Londres.

Monod Théodore, 1987, « On two morphological anomalies of *Acacia tortilis* ssp. *raddiana,* in the Libyan Desert », *Bull. Int . Group Study of Musoideae,* vol.15 , p. 86-87, 14 fig.

Monod Théodore, 1989, *Désert Libyque (notes de voyage),* ouvrage paru aux Études Sahar. et Ouest-Afric., t. 2, n° 2 et 3 , p. 1-99, 238 fig. et 15 pl.

Monod Théodore, 1995, Contribution à l'établissement d'une florure du Gilf Kebir 'S.-O. Égypte), *Bull. Mus. Nat.,* Paris, 4e sér., 17, n° 3-4, p. 259-269.

Murray, John, 1896, *Handbook for travellers in lower and upper Egypt, edited by Mary Brodrick with the assistance of prof. Sayce and Capt. H.G. Lyons.* Éditeur : John Murray, Albemarle street, Londres.

Museum Schloß Schönebeck und Horst Gnettner, 1995, « Gerhard Rohlfs, Leben und Werk, 1831-1896 ». Réimpression par ce musée d'un article du Dr Herbert Abel, paru en 1831 dans le volume 9 *des Frankfurter Beiträge zur Didaktit der Geographie.*

Museum Schloß Schönebeck, 1996, *Stammbuch des Bremer Afrikaforschers Gerhard Rohlfs*, 60 lettres et photos des auteurs. Éditeur : Verlag H. M. Hauschild, Brême.

Negro Giancarlo, 1991, « Il Great Sand Sea e la sua esplorazione (Sud-ovest dell'Egitto) », *Sahara*, n° 4, p. 71-87, 20 fig.

Newbold, sir Douglas and Shaw, W. B. K., 1928, « An exploration in the south Libyan Desert », *Sudan notes and records*, vol. 11, p. 103-194.

Newbold, sir Douglas 1928, « More lost oases of the Libyan Desert », *The Geographical Journal,* vol. 72, p. 547-554.

Newbold, sir Douglas and Shaw, W. B. K., 1930, « An exploration in the south Libyan Desert, Sudan notes and records », vol. 11, p. 103-194. Version abrégée parue dans *The Geographical Journal,* vol. 75, p. 65-67.

Nowaïri, manuscrit rédigé le 28 mars 1573, Biblio. nat., fol. 41 verso et 42 recto (1290-1349 ?) (Remarque de la Biblio. nat. : le feuillet 20 est mutilé, le feuillet 39 est blanc).

Osman el Nâboulsî, 1899, « Texte en arabe, avec introduction en français du Dr B. Moritz Bey : Description du Fayum au VIIe siècle de l'Hégire », *Publications de la bibliothèque khédiviale*, vol. 11, Le Caire 1899. Une analyse de son contenu est donnée par Ahmed Zeki bey sous le titre : « Une description du Fayum », dans le *Bulletin de la société khédiviale de géographie,* cinquième série, n° 5, 1899, p. 253-255. L'identification des sites indiqués par Nâboulsî se trouve dans « Répertoire géographique de la province du Fayum d'après le Kitab Târik al Fayyôum d'An Nâboulsî » par G. Salmon dans le *Bulletin de l'Institut Français d'Archéologie orientale,* vol. 1, Le Caire 1901, p. 29-72, 1 carte.

Peel R. F., 1942, « The Tibu peoples and the Libyan Desert ». *The Geographical Journal*, vol. 100, n° 2, août, p. 73-87, 1 carte, 10 photos.

Penderel H. W. G. J., Wing-commander, 1934 : « The Gilf Kebir : A paper read at the evening meeting of the Society on 8 January 1934 », *The Geographical Journal*, vol. 83, p. 450-456, 6 photos, 2 cartes.

Rohlfs Gerhard, 1875, *Drei Monate in der libyschen Wüste*, 340 p., Cassel 1875, réimprimé à Bonn en 1985 par le PAS (Politischer Arbeitskreis Schulen e.V.) dans le cadre du « Beitrag zur Kulturkunde 1 ».

Salmon Georges, 1901, *Répertoire de la province de Fayyoûm, d'après le Kitâb Târîkh al-Fayyoûm d'An-Nâboulsî*, Le Caire.

Sers, Jean-François, sous la direction de Théodore Monod, 1994, *Désert Libyque*, 239 p., nombreuses photos, collection « La Nouvelle Odyssée », Arthaud.

Shaw Kennedy, W. B., « Dead Libya I – The Mystery of Pottery Hill », *The Times* du 6 août 1935 ; « Dead Libya II – The worst days of all », *The Times* du 7 août 1935 ; « Dead Libya III – Traces of the past », *The Times* du 8 août 1935.

Wilkinson, sir J. Gardiner, 1835, *Topography of Thebes and General view of Egypt, being a short account of the principal objects worthy of notice in the valley of the Nile to the second cataract and wadee Samneh, with the Fayoom, oases, and eastern desert, from Suez to Berenice ; with remarks on the manners and customs of the ancient egyptians and the productions of the country,* 595 p., 11 pl. Éditeur : John Murray, Albemarle Street, Londres.

Wingate Orde, Lieutenant R. A., 1934, « In search of Zerzura », *The Geographical Journal*, vol. 83, p. 281-308, 4 figures, 3 photos.

Zittel, Karl A., 1875, *Briefe aus der libyschen Wüste,* 160 p., 1 carte. Éditeur : Druck und Verlag von R. Oldenburg, Munich.

TABLE DES MATIÈRES

Achevé d'imprimer sur les presses de l'imprimerie
Corlet à Condé-sur-Noireau en décembre 2000.

Dépôt légal 4e trimestre 2000

PHOTOS
Edmond Diemer - Jean-Marc Durou - Sylvain Estibal
Samir Lama - Théodore Monod - Pascal Tournaire
Documents anciens D.R.